COLECCIÓN
Centinela

MAESTRO WANG

EL HORÓSCOPO CHINO

Plutón
Ediciones

© Plutón Ediciones X, s. l., 2025

Diseño de cubierta y maquetación: Saul Rojas Blonval

Edita: Plutón Ediciones X, s. l.,

          E-mail: contacto@plutonediciones.com
          http://www.plutonediciones.com

I.S.B.N: 979-13-87692-28-5
Depósito Legal: B-8510-2025

Impreso en España / Printed in Spain

Para Yo Li,
a pesar de la distancia
y del tiempo.

Introducción:
El caparazón de la tortuga

Todos somos diferentes,
irrepetibles,
únicos y especiales,
pero completamente iguales
bajo el manto
de las estrellas.

T'sao Chan

En la astrología china todo empezó con el feng shui y los trigramas, no se sabe exactamente cuándo, pero hace por lo menos seis mil años gracias al descubrimiento del caparazón de una tortuga (ya se han encontrado varios) que tenía grabado símbolos y trigramas correspondientes a este arte chino de ubicación en el mundo y en el universo entero.

Cada vez que se hace un descubrimiento arqueológico, la antigüedad de las pruebas de conocimiento, civilización y formas sociales crece, y lo que antes tenía una edad de seis mil años, se convirtió en una edad de diez, de treinta y hasta de cincuenta mil años, trayendo de nuevo a la imaginación la posible existencia de grupos humanos y reinos de tecnologías muy avanzadas para su tiempo, y posiblemente también para el nuestro.

El caparazón de la tortuga.

Hoy sabemos que hay continentes enteros perdidos, ciudades sumergidas en el mar, restos de metales en épocas que se supone no había nadie para procesarlos, y de objetos que no deberían estar ahí, sedimentados por las rocas, pero están ahí y a los que llaman *opart*, desde martillos hasta piezas de un extraño engranaje.

¿Cuánto habrá que escarbar para que nos demos cuenta de que no somos ni los mejores, ni los más avanzados ni los primeros seres humanos en el planeta?

Quizá mucho, quién pudiera saberlo.

La historia de la humanidad, y del planeta, se escribe y se reescribe a diario, y siempre es más lo que desconocemos que lo que conocemos, pues por cada avance y cada descubrimiento surgen nuevas preguntas y nuevos retos de investigación.

Los seres humanos modernos llevan aquí, según los estudiosos del tema, poco más de medio millón de años, pero hasta hace muy poco no se aceptaba la idea de que entre lo que se llama hombre moderno y neandertales hubiera habido relaciones sexuales y producto vivo de las mismas, algo que la genética y los trabajos arqueológicos de Arzuaga han comprobado.

Sí, tenemos ADN de homo sapiens de neandertal en nuestra sangre, pero también de los denisovanos, los afarensis y seguramente de otros humanos que no han sido descubiertos; y quizá ellos tuvieron ADN de humanos mucho más antiguos.

La tortuga milenaria.

Todo se irá descubriendo con el tiempo, la ciencia y las excavaciones, como se descubrió el caparazón de la tortuga milenaria.

Las tortugas son símbolo místico en muchas culturas asiáticas, europeas y americanas, tanto por su longevidad como por su carácter hierático y misterioso, tan viejas que podrían haber convivido con las civilizaciones perdidas de lejanos tiempos y llevar en su alma los secretos místicos, científicos y tecnológicos de aquellas épocas que desconocemos.

CIVILIZACIONES MÍTICAS

Entre la extinción de los dinosaurios y la aparición del ser humano hay por lo menos 70 millones de años de diferencia, dentro de los cuales pudo existir de todo, con civilizaciones míticas como la Atlántida, Mu e Itzá, y cientos o miles de otras que ni siquiera imaginamos.

Los seres humanos actuales, desde Lucy hasta nuestros días, llevamos unos tres millones de años existiendo, aunque, y con todo respeto, Lucy no parece tener mucho en común con la morfología china; mientras que seres como las tortugas, los tiburones y los insectos llevan más de cien millones de años existiendo.

No somos nada, pero sí muy pretensiosos.

Las formas y los aspectos físicos en la diversidad de la especie humana no han encontrado una explicación científica satisfactoria, y la idea de África como madre de toda la humanidad conocida actualmente día a día se desmorona.

EL ORIGEN COMÚN

En China nunca se ha aceptado esta explicación del origen común, pues obvia, sanguínea y genéticamente somos bien diferentes a los africanos y a los europeos, aunque podemos mezclarnos y tenemos un comportamiento muy similar.

Si hubo un origen común como especie que puede reproducirse entre los diferentes grupos humanos, tuvo que ser muy anterior a la aparición del homo sapiens y en diferentes partes del mundo.

El "monoteísmo" científico es demasiado fácil y teocrático, y del todo sesgado a Occidente y sus creencias religiosas, porque incluso la eclosión de la vida en formas unicelulares pudo ser más diversa de lo que se piensa, y entre otros animales, como los cánidos y los felinos, la unicidad originaria plantea serios problemas.

Sí, quizá toda la vida en la Tierra proviene de un mismo punto de luz, energía y materia, o hasta de otros planetas, y de ahí diversificarse a las diferentes formas que conocemos o que han existido en el planeta, pero pensar que una vez que hubo diferentes formas de vida se volvió a la unicidad como fuente de producción es una verdadera barbaridad desde el punto de vista oriental.

Tenemos mucho de Rata (el signo astrológico chino más importante), de Cerdo y de Mono, e incluso de Buey, como casi todos los mamíferos, por lo que la unicidad originaria quizá corre por otros caminos, y no hay pueblos ni razas elegidas, únicas y creadas por los dioses, sino especies que han ido evolucionando con el tiempo hasta llegar a ser lo que son ahora.

El clima y la posición del sol no son suficientes

para explicar las diferencias morfológicas de la humanidad, porque en el norte de China hay gente blanca y barbada, con los ojos almendrados, pero no rasgados; y en el sur hay personas con aspecto más latinoamericano que chino, como en Malasia, de la misma manera que en Latinoamérica hay personas que parecen del todo chinas.

Miles de años son pocos para que un negro de África sea tan moreno, un chino de Asia tan amarillo y con los ojos rasgados, y un blanco del Cáucaso sea blanco y de ojos claros, entre muchas otras cosas por los sucesivos cambios climáticos que hubieran interrumpido evoluciones y mutaciones de melamina y conformación anatómica, e incluso del ADN, donde un africano está más lejos de un europeo, genéticamente hablando, que el europeo de un cerdo, aunque ambos se parecen mucho, genéticamente hablando, al chimpancé.

África no siempre ha sido una selva lujuriosa, ni el Sahara un desierto, y tampoco China ha sido siempre lo que es ahora, por lo que no ha habido una constante climatológica que respalde las diferencias entre seres humanos por motivos ambientales.

Solo hace trece mil años los seres humanos vivieron una era glacial milenaria que nos hubiera hecho a todos físicamente iguales como respuesta al medioambiente, pero no lo hizo.

EL CIELO ES PARA TODOS

"Si algo nos unifica son las estrellas del firmamento", diría Lao Tse, por eso hay que superar el prejuicio nazi y espartano de la inferioridad de unas razas con respecto a otras, para aceptar que somos tan diferentes por fuera y hasta genéticamente, aunque compatibles en la reproducción y muy parecidos por dentro.

No importan las diferencias ni la diversidad del animal humano, porque el cielo y las estrellas son para todos.

Quizá no se le haya dado tanta propaganda, pero las culturas orientales también han tenido, y tienen, ciertos rasgos de superioridad moral y racial con respecto al resto del mundo.

Hasta hace muy poco, en Japón se creía que los únicos seres humanos sobre la faz de la Tierra eran ellos y solo ellos, los occidentales sucios y peligrosos demonios de los que se había de desconfiar siempre, cosa que se corroboró con las bombas atómicas sobre Hiroshima y Nagasaki; los negros poco más que simios; y el resto experimentos fallidos de los dioses Izanami e Izanagui en su furor sexual.

Miles de años antes el Emperador Amarillo, padre de todos los chinos, consideraba al resto de los orientales como animales disfrazados de humanos, incluidos otros orientales al sur del Yangtsé, a los que había que destruir o mantener por lo menos lejos y no mezclarse con ellos; y los mongoles para los chinos fueron durante milenios una raza burda, tosca e inferior, por lo menos hasta que Gengis Khan conquistó medio mundo.

La tortuga milenaria era testigo de la superioridad china, pues ya contaba con diversas ciencias, entre ellas la escritura, la minería, la arquitectura, la acupuntura, el feng shui y la astrología china tradicional, entre muchas otras, mientras que el resto de su mundo conocido apenas si sabía labrar la tierra.

La filosofía china es muy anterior a la filosofía griega, así como el estudio de la naturaleza. Confucio ya era ecologista y naturalista antes de que al resto del mundo se le ocurriera que había que cuidar el entorno y la higiene propia y ajena en cualquier asentamiento humano.

Oriente Lux, decían los griegos y los semitas, porque de Oriente, pasando por la India y Persia, llegaron tanto las especias, el arte de cocinar y la virtud de vivir, como la búsqueda del conocimiento racional, la ética y la moral.

El quilín, anuncia la sabiduría.

En aquel entonces la astrología china no contaba con doce signos sino con ocho baguas o puertas (Khan, Qian, Gen, Dui, Shen, Kun, Xun y Li) y un Qi central, cuatro animales sagrados o míticos (la tortuga, el dragón, el quilín y el ave fénix) cinco elementos en lugar de cuatro (metal, fuego, aire, tierra y madera); y trescientos sesenta grados, o puntos de inflexión sobre el movimiento de los astros y el comportamiento humano, hasta la llegada del budismo y con ello la primera occidentalización del horóscopo chino, como bien señala el maestro Wang en el presente libro.

En pocas palabras, y sin competencias entre razas, astrologías o ciencias, la fortuna, hoy más que nunca, puede venir de Oriente, porque, como señalé en párrafos anteriores, si algo nos unifica a los seres humanos no son las apariencias y la vanidad de los logros, sino las estrellas del firmamento.

T'SAO CHAN

I
La verdadera astrología china

Nada de lo humano
me es ajeno,
ni lo malo,
ni lo bueno.
SÓCRATES

Como bien dice el amigo T'sao Chan, las estrellas nos igualan a todos, porque todos los seres humanos, sin importar su apariencia o lugar de origen, han mirado al cielo en busca de respuestas, y prácticamente todas las culturas tienen su propia visión e interpretación de las estrellas y, por tanto, su propia astrología, más o menos compleja pero propia, siguiendo y comparando los ciclos de la naturaleza con los de los cuerpos celestes, observando las repeticiones y las excepciones entre lo que pasa en este mundo y el paso de los astros.

Cada cultura tiene sus animales míticos y reales, como representación de los fenómenos de los cielos, sus héroes y sus divinidades para reflejar los valores humanos universales, como son la sabiduría, el amor, la humildad, la bondad y la belleza, así como las amenazas a la supervivencia, como son la ignorancia, el odio, la maldad, la enfermedad y la violencia.

Yang, blanco, masculino.
Yin, negro, femenino.

En la astrología china tradicional todo va a pares, Yin (lo femenino) y Yang (lo masculino), para poder engendrar porque esa es nuestra naturaleza biológica y animal, donde si uno no quiere, dos no se pelean.

Que el Yang masculino sea blanco no es señal de pureza, sino de emanación.

Que el Yin femenino sea negro no es señal de suciedad, sino de recepción.

Todo Yang tiene algo de Yin, expresado por el punto negro en lo blanco en Yang.

Todo Yin tiene algo de Yang, expresado por el punto blanco en lo negro de Yin.

El uno requiere al otro para completarse y alcanzar la armonía Qi, y no solo como pareja amorosa o familia, sino en todos y cada uno de los campos de esta vida.

El sabio requiere del alumno para que el conocimiento crezca y no se pierda.

Lo mismo que el ladrón requiere de su víctima para que el conflicto permanezca o incluso florezca convertido en odio y venganza.

Dentro de todo ser humano conviven lo que llamamos bien tanto como lo que llamamos mal, ambos en busca de la energía central que los equilibre, el Qi, atrayéndose y repeliéndose, como dos imanes, produciendo energía positiva y negativa, hasta alcanzar una armonía que los complemente y eleve.

Por supuesto que es más sano y agradable el bien, pero no podemos negar que nos atrae el mal y hasta nos produce gozo y excitación (detalles dolorosos de nuestra naturaleza animal y humana).

El mal ajeno, por terrible que sea, puede hacernos reír, o llorar, pero es raro que no nos llame la atención, esa atención enfermiza a la que llamamos morbo.

Todo está en nuestro carácter, lo bueno y lo malo, el Yang y el Yin, el cual comparamos con el devenir de los astros, que nos hace un poco diferentes a nuestros hermanos, aunque no del todo.

Los antiguos sabios chinos se dieron cuenta de ello y marcaron, a partir de los cuatro puntos cardinales con respecto al movimiento del sol sobre la Tierra, las primeras características de esos caracteres humanos:

-Tortuga milenaria: El norte (Bei), que representa tanto la sabiduría como el poder y la jerarquía de los seres humanos nacidos en el norte, con la serpiente que ataca a la tortuga como representación del conflicto entre el bien y el mal, o la responsabilidad de dirigir a los subordinados, que Marx llamó "la lucha de clases".

-Tigre blanco: El oeste (Xi), que representa a los guerreros, los monjes, el valor, la aventura y la rebeldía de los seres humanos nacidos en el oeste.

-Dragón turquesa: El este (Dong), que representa el azar, la suerte, la fortuna, la actividad, la creatividad y la reproducción de los seres humanos nacidos en el este.

-Fénix: El sur (Nan), que representa tanto el renacimiento como la perseverancia, la sencillez, la humildad, los sentimientos y hasta la aceptación y la sabia obediencia de las personas nacidas en el sur.

Todo ello en un círculo con cuatro puertas estelares, y un centro de Yin-Yang, donde se encuentra el Qi que lo mueve, armoniza y compensa todo.

Esta sería la base, el inicio de la astrología china, que además, como la protoastronomía que era, también estudiaba físicamente al universo, con la idea de que la Tierra descansaba sobre el caparazón de una rortuga gigantesca y estaba cubierta por un firmamento en forma de cúpula, que separaba el cielo de la superficie terrestre.

La Tierra no era plana del todo, como lo indicaba el horizonte de la altas montañas y la curvatura del mar, y la cúpula no era del todo firme; de ahí empezaron a deducir que quizá era una esfera, y la cúpula lo que ahora llamamos atmósfera.

Eso sí, las habitaciones celestiales de los dioses y sus criaturas divinas estaban más allá de las más altas montañas y más allá de las más altas nubes.

LOS CINCO ELEMENTOS (WU XING)

Para la astrología china, así como para la ciencia, el ejército, el feng shui, el tai chi y la filosofía oriental, existen cinco elementos que lo construyen todo y que se relacionan entre ellos, dando a cada punto cardinal y a su centro una connotación simbólica:

Madera (木, mú), símbolo de naturaleza y armonía, abundancia y fortuna, hogar y construcción, tan dura como el metal, y tan sensible y dúctil como el agua, ícono de la fertilidad y de la cosecha. La madera representa el nacimiento, el viento o aliento divino, la primavera, el este y el gran planeta (Júpiter).

Fuego (火, huó), tanto creador como devastador, capaz de transformarlo todo en cenizas o de darle

21

nueva forma, que bulle en el alma y en los corazones de todos los seres vivos. Representa el sur, el calor, el crecimiento o la infancia, el verano y al planeta rojo (Marte).

Tierra (土, tai o tiudi), tanto la que pisamos y que nos da de comer como el mundo entero, así como la estructura interior de todas las cosas, y madre de la sagrada cerámica que lo contiene y lo moldea todo. Representa a la juventud, la humedad o el clima templado, el final del verano y el principio del otoño, en medio de los cuatro puntos cardinales o centro, y al planeta anaranjado o amarillo (Saturno).

Metal (金, jin), fuente de invención y descubrimiento, pensamiento y acción, nobleza, lealtad y consejo, además de fortaleza, resistencia y durabilidad, e indispensable para la construcción y la guerra. Representa a la edad madura o al envejecimiento, a la sequedad y a los primeros fríos, al otoño, al oeste y al planeta blanco nuboso (Venus).

Agua (水, shui), fuente de vida y receptáculo de las emociones y los sentimientos, poderosa y destructora como sendero de perfección, paternidad, maternidad, hermandad y conocimiento interior. Representa la senectud y la conservación, al invierno, al frío y al norte, y al planeta azul verdoso (Mercurio).

Según la tradición del feng shui, el viento (feng) también es elemental, pero sutil y muy cercano al Qi en el centro y en el exterior de todas las personas, animales y cosas, dando alma y vitalidad o apagándolo todo, porque los cinco elementos primordiales siempre están en acción, en fases, en movimiento, en relación unos con otros, en creación, generación, destrucción y dominio, como el ave Fénix que renace siempre de sus cenizas, muerte tras muerte, resurrección tras resurrección y ciclo tras ciclo.

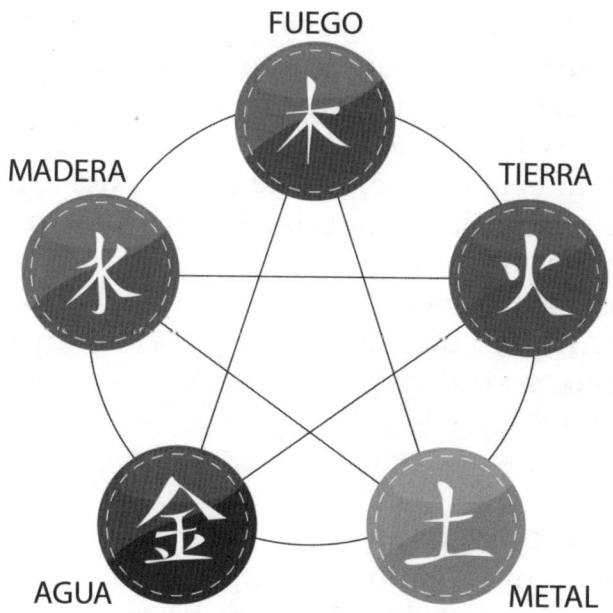

Los cinco elementos.

CICLO DE GENERACIÓN ELEMENTAL
El fuego produce tierra con las cenizas.
La tierra contiene en su vientre al metal.
El metal alimenta al agua.
El agua le da vida a la madera.
La madera alimenta al fuego.

Ciclo de dominio elemental
La madera se nutre de la tierra.
La tierra retiene y delimita al agua.

El agua apaga al fuego.
El fuego funde al metal.
El metal corta a la madera.

Los ciclos a menudo pueden ser conflictivos cuando la tierra no alimenta a la madera; o cuando el fuego, en lugar de apagarse, se vuelve más violento con el agua; e incluso cuando el agua pudre a la madera, algo que suele suceder con las incompatibilidades entre signos, baguas y elementos, como veremos más adelante, donde un año del Caballo de madera puede dar una relación conflictiva y hasta destructiva a las personas que nazcan o se casen durante este periodo; mientras que las personas nacidas un año de Dragón de metal serán siempre protegidas y cuidadas por los demás y por la fortuna misma.

LAS OCHO PUERTAS

Las ocho puertas, o baguas, muy anteriores a los 12 signos, fue una deducción de los puntos intermedios entre los puntos cardinales, dando pie a cuatro puntos cardinales y a cuatro caracteres humanos más, con sus respectivos animales míticos:

-**Khan**, el agua o la puerta del señor, con el buey sagrado que lleva las almas a las habitaciones celestiales que están más alto y más allá de las más altas montañas. Representa el poder y la jerarquía, al padre y al señor; a la abundancia y la riqueza, el mando y la dirección, al frío, los meses de invierno, al norte y a la noche, en la escuela antes del cielo, y al sur y al día en la escuela después del cielo; también a lo elevado y lo verdaderamente importante;

con cuatro esposas, ocho concubinas y doce amantes; manda siempre y hace la guerra solo cuando es
necesario. Da ejemplo con su comportamiento sabio
y recto, y su palabra es ley.

Khan, el agua.

-**Qian**, el cielo o la puerta de la señora, con la rata
sabia que administra todos los negocios del cuerpo,
la mente y el alma. Representa el poder femenino,
el ahorro, la astucia, la expansión, el cuidado, la
protección, el orden, la limpieza, el ahorro, la previsión, los viajes, los estudios, el conocimiento y el
crecimiento y desarrollo en general. Tiene derecho a
tres amantes que sean capaces de sustituir al Khan
en caso de que este muera o desaparezca. Se sitúa
en el noroeste y en el final del otoño.

Qian, el cielo.

-**Gen**, la puerta del consejero o la montaña, en el noreste y el final del invierno, acompañado del dragón blanco lanudo o el oso de montaña, dependiendo de la escuela de feng shui que lo interprete; señor de la sabiduría y humanitario, aunque a veces se aleja de los seres humanos y prefiere la soledad, se encarga de las ciencias y de las tecnologías, del pensamiento y de la filosofía. Representa tanto el pasado y las tradiciones como los tiempos y las maravillas que están por venir.

Gen, la montaña.

Chen, el trueno.

-**Chen**, la puerta del artesano o artista, del dragón y del trueno, en pleno este y la primavera como estación eterna; representa tanto al azar y a la fortuna como a la imaginación, la creación, el arte y la artesanía, la música y la danza, la pintura y la caligrafía. Detrás de esta puerta pueden estar los siete dragones, uno en cada etapa de la vida, incluido el de la guerra y de la heroicidad, o el de la revolución y la rebeldía.

-**Xun**, la puerta de la doncella o del viento, dispuesta en el sureste entre el fin de la primavera y el inicio del verano, es la representación del amor y el matrimonio, del cariño y del afecto de manera simpática y espontánea, y también por interés, astucia, celos o dependencia; además, es la puerta de la hija menor, de la hija casadera, a la vez que independiente, comunicativa y muy hábil para el cuidado de la salud y la docencia. Va acompañada de la grulla y el gallo, que atraen siempre al dinero y a la prosperidad, o al menos prometen un futuro de abundancia y riqueza, así como de la serpiente y el caballo en las malas temporadas.

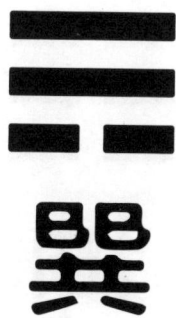

Xun, el viento.

-**Li**, la puerta del pueblo o del fuego, de la recogida y de la siembra, de la maternidad y del campesinado, situada en pleno sur y verano, donde están los que no necesitan cubrirse del frío ni temen a la sequía ni a las inundaciones, y pueden vivir al aire libre recogiendo, pescando y cazando sin esforzarse demasiado, si bien es cierto que en cuestiones de dinero y ejército suelen ser muy pobres y débiles. Li se acompaña tanto de la cabra como del ave bermellón, e incluso del ave Fénix en tiempos de desgracia o de revuelta, de cambio o de transformación. Representa, además, a la cocina, la minería, la bohemia, al canto, la escritura, la poesía, a los santones y a la vida misma.

Li, el fuego.

Kun, la tierra.

-**Kun**, la puerta de la hermana mayor o no casadera, tanto como del tío y del hermano mayor que se responsabiliza de la familia, así como de la tierra, situada entre el verano y el otoño en el suroeste, y del sacrificio, la humildad y el servicio, lleno de romanticismo y deseos, y de sueños y aspiraciones difíciles de concretar, aunque la seguridad y el bienestar general se lograrán con dedicación, constancia y esfuerzo, y por las aptitudes para servir a los demás. Se acompaña de los animales de granja, pero también de la grulla y el rey mono. Por supuesto, la alfarería y la cerámica pueden enriquecerla.

-**Dui**, el monje y puerta del lago encantado, situado en pleno oeste y otoño, que se abre a lo desconocido tanto material como anímica, mental y espiritualmente. Va acompañado sobre todo del perro, pero a veces también del cerdo, por lo que representa la soledad, la libertad y el sacrificio real y verdadero, con todos los peligros que ello entraña. Representa tanto la espiritualidad como lo desconocido, el descubrimiento interior y exterior, y la aventura de la vida. También señala a las personas mayores que han logrado sabiduría con la experiencia y el tiempo, y a los que les queda poco tiempo en este mundo. Buena parte de las experiencias sobrenaturales, místicas o espirituales están en esta puerta.

Dui, el lago encantado.

LOS DOCE SIGNOS

Hasta aquí lo que sería la astrología china tradicional, sin los doce signos que conocemos ahora y basada en lo que ahora llamamos feng shui, o viento y agua, como práctica para encontrar la armonía en todos los terrenos, desde la construcción y la decoración hasta en el amor matrimonial, los hijos, la salud, el ejercicio físico (tai chi) y la vida misma.

Cabe mencionar que, en la actualidad, la astrología china, como en su tiempo le pasó al feng shui, cuenta con varias y diferentes escuelas que no siempre comparten las mismas ideas e interpretaciones, y que han ido haciendo cada vez más complejo el estudio de los astros y sus correspondencias en la Tierra.

Los casamenteros tradicionales, como Bei Tai, el padre de Yo Lee, mi querida amiga, creen que complicar la sabiduría no ayuda en nada y solo confunde a las personas, como la Escuela Ba Zi, o la Tuan, que además de hacer cursos y cartas astrales, mueven los Pa kuas a su antojo y cambian el sentido chino de las cosas a un sentido más occidental, con el feng shui de base, sí, pero cada vez más alejado de la verdadera realidad china, que, como él, el casamentero Bei Tai, seguirá centrándose en lo tradicional.

Por otra parte, hay que mencionar que los doce signos, aunque bastante modernos en muchos casos si los comparamos con el milenarismo chino, no son exactamente los mismos en Tailandia que en Vietnam o que en la China Central, cambiando el alma de las cosas, ya que la Liebre vietnamita no se parece en nada al Conejo chino; el Perro de

China no es el mismo perro comestible de Corea; ni el Jabalí es lo mismo que el Cerdo; es más, el Cerdo chino, negro e inteligente, buena mascota y hábil para la recolección de trufas, no se parece mucho al cerdo de granja tailandés o filipino, y mucho menos al cerdo occidental, por mucho que sean de la misma especie.

En el pasado todo Oriente fue China, y la tradición lo impregnaba todo más allá de la lógicas diferencias locales.

Con la Rata, que en la China tradicional es un animal mítico admirado, aun es peor, pues las ratas de alcantarilla de muchos pueblos y naciones no la representan para nada, ya que causan miedo, asco, rechazo y hasta verdadero pánico o terror entre sus habitantes, en lugar de representar la excelsa sabiduría de la Rata china.

Las leyendas populares dicen que Buda llamó a todos los animales del mundo en su paso por China, para ayudarlos en su camino de evolución hacia el Nirvana y así superar el ciclo de las reencarnaciones, el Samsara; pero en realidad parece que Buda nada tuvo que ver en la elección, ya que desde antes de él cada año lunar correspondía a un animal mítico y a un elemento en particular, y no fue hasta la dinastía Hang, entre los siglos I y III de nuestra era, que no aparecieron formalmente en los textos astrológicos chinos, observando el movimiento estelar del gran planeta, Júpiter, que cada año recorre una zona particular del cielo hasta completar un ciclo de doce años lunares, y un poco más de once años solares.

LA LEYENDA DE LOS DOCE A
NIMALES DEL HORÓSCOPO CHINO

Cuenta la leyenda que el Gran Buda convocó a todos los animales del mundo para darles la oportunidad de ascender en su camino espiritual hacia el Nirvana, pasando antes por la experiencia de ser humanos, pero solo doce lograron llegar hasta él.

El camino no era fácil, tampoco era tan complicado, pero muchos animales prefirieron seguir su camino sin hacer caso al llamado del Bodhidharma, más o menos contentos de ser lo que eran y de estar como estaban.

"¿Quién quiere ser humano?", dijeron varios de ellos, "si los humanos son de lo peor que nos hemos encontrado, pues nos cazan, nos matan por diversión y se alimentan de nuestro trabajo o de nuestras entrañas."

"Sí", contestaron otros, "tenemos que escondernos de día y andar furtivamente de noche para que no nos persigan y hagan daño."

¡Los humanos son crueles y malvados!

¡Se roban y se matan entre ellos!

Fingen amarse, pero se traicionan por riquezas y poderes.

¡No cumplen su palabra!

¡Son vengativos y rencorosos!

Se engañan a los demás y a sí mismos.

Son ignorantes y zafios, tanto como presuntuosos y egoístas.

Por tanto, la mayoría de los animales que poblaban la Tierra hicieron caso omiso a la llamada de Buda, o nunca llegaron.

El buey, como animal mítico que acompaña a los

muertos en el feng shui, iba primero, y eso que no es nada rápido generalmente.

La rata, que iba sobre su lomo camuflada astutamente, al ver a Buda sentado en la cima de la montaña más alta y cercana al cielo, saltó del lomo del buey y fue la primera en llegar.

"Serás agraciada con la sabiduría", le dijo Buda, "a partir de ti se cumplirá la rueda de los doce años".

El buey, noble como era, sonrió y se acercó a Buda cariñosamente.

"Serás el segundo, con la gracia de la paciencia y el tesón para alcanzar siempre la cima".

Luego llegó el tigre, algo molesto por no ser el primero, pero conforme con su tercer lugar y dispuesto a ascender espiritualmente.

"Para ti", dijo Buda, "tengo la pasión del conocimiento y el valor de la revolución, para que lo cambies todo si hay injusticias, y veas que se puede trocar lo tercero por lo primero."

En cuarto lugar llegó el conejo, alegre y bailando, sin importarle ser el último o el primero, porque lo importante era haber llegado hasta los pies del despierto.

"Tendrás arte y sentimientos", le dijo Buda, "además de conciencia y fertilidad, para que embellezcas al mundo entero".

No faltó a la cita el dragón, más real de lo que muchos se imaginan, pero por pura casualidad, ya que no era de la Tierra y solo pasaba por ahí cuando vio a la rata, el buey, el tigre y al conejo al lado de Buda, y le llamó la atención aquella escena nada común.

"Para ti", dijo Buda, "tengo el don de la fortuna, de la primavera, de la curiosidad y de la espontaneidad, porque a menudo el que no busca, encuentra."

En sexto lugar y arrastrándose, pero veloz, apareció la serpiente, quien, como la rata, había aprovechado el lomo de otro animal, el caballo, para ascender hasta Buda, creyendo que sería la primera.

Los doce de Buda.

"Eres la sexta", le dijo Buda, "la primera y la última del medio ciclo, lo que no está tan mal, pues a ti te daré la capacidad de contar y de crear, para que asciendas en tu camino espiritual".

Tras de la serpiente, ante Buda se presentó el caballo.

"Tendrás siempre suerte, pues eres el séptimo, y el don de la palabra y de curar", le aseguró el Bodhidharma.

La cabra, un poco displicente, porque desde un principio y gracias a sus habilidades montañeras vio *cómo iban llegando uno tras otro, por fin se acercó a Buda con aires de superioridad, porque en lugar de la octava pudo haber sido la primera sin ningún problema.*

"A ti, que pudiste ser la primera, te daré el don de la humildad y del servicio, junto con la vida bohemia de los músicos y los poetas".

Detrás de la cabra apareció el mono, burlándose de ella.

"Número mágico es el 9", le dijo Buda, "y además ya eres casi humano, por lo que el don que te otorgo es el del deshacerte de tu ego, porque asciende más fácil y rápido quien no se compara con los demás".

El gallo, entre volando y corriendo, pero teniendo cuidado de no perder ni una pluma ni su apostura, se mostró ante Buda.

"Bienvenido seas, pues para ti, tan atractivo y seductor, tengo el don de la disciplina y de la búsqueda de la perfección. Procura usarlos con diligencia."

El perro fue el undécimo en llegar, trotando y moviendo el rabo, listo para lo que pudiera pasar.

"Para ti nada mejor que el don de la lealtad, que en verdad ya tienes, y las ganas de crecer y evolucionar, de aprender y de enseñar."

Por último, y algo cansado, pero insistente y constante, llegó el cerdo.

Buda lo miró sonriente y le agradeció el esfuerzo, "a ti te daré todo lo que aparentemente no tienes, e incluso algo de magia, pues tu esfuerzo y tenacidad se lo merecen".

Así quedó completado el horóscopo chino hace 2700 años, cuando Buda pasó por la India para expandir su pensamiento y despertar a los dormidos, pero sin insistir demasiado, consciente de que no se puede obligar al que quiere permanecer dormido, porque al final de los tiempos todos, absolutamente todos, tendrán en el Nirvana a su nuevo y eterno hogar.

Hay muchas más leyendas e interpretaciones de las mismas, dándole a cada signo una pátina diferente a pesar de las regularidades de cada uno de ellos, que el lector puede ver en muchos textos, libros y redes sociales, que se adecúan a los tiempos que corren y al pensamiento occidental en muchos casos, entre juegos malabares que generalmente no tienen mala intención, sino una forma particular de ver y de entender el mundo de hoy en día.

Por tanto, más que buscar diferencias y creer que unos tienen la razón y otros no, o con unos nos identificamos más que con otros, propongo sumar y sacar lo más positivo e interesante de cada signo.

EL AÑO LUNAR Y LA CORRESPONDENCIA DE SIGNOS OCCIDENTALES Y CHINOS

El horóscopo chino se basa en el año lunar y no en el año solar, el cual, por increíble que parezca, es más exacto a pesar de ser más irregular, tanto, que ya lleva más de todo un año de desfase con respecto a la astrología occidental, cuyo tránsito anual de Júpiter bascula entre Tauro y Géminis este 2024, mientras que en la astrología china es el año del Dragón (desde el 10 de febrero del presente año), que correspondería a Júpiter en Aries.

Los años lunares suelen empezar sobre los meses de febrero y marzo, como la cuaresma y la semana santa occidentales (curiosamente), y no el primero de enero del calendario gregoriano, por lo que cada signo que hace el relevo anual queda aparentemente desfasado en la cuenta solar, más no tanto en la cuenta sideral porque, al fin y al cabo, ambas astrologías observan el movimiento de las estrellas.

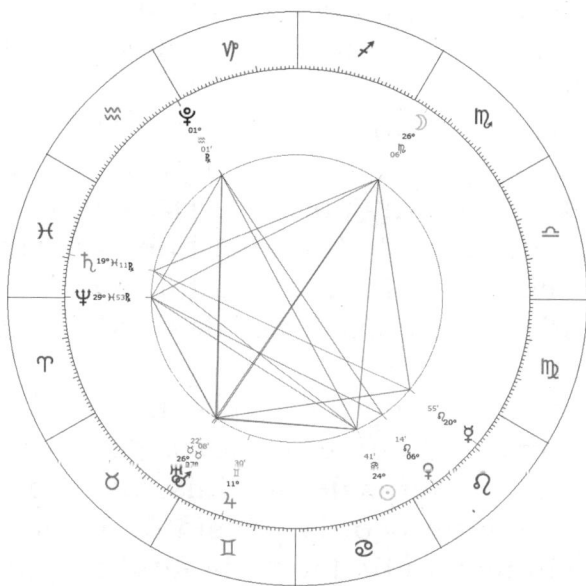

Posición de los astros el 16/07/2024.

De cualquier manera, la correspondencia clásica entre los signos chinos y lo signos occidentales queda de la siguiente manera:

Rata corresponde a Sagitario.
Buey corresponde a Capricornio.
Tigre corresponde a Acuario.
Conejo corresponde a Piscis.
Dragón corresponde a Aries.
Serpiente corresponde a Tauro.
Caballo corresponde a Géminis.
Cabra corresponde a Cáncer.
Mono corresponde a Leo.
Gallo corresponde a Virgo.
Perro corresponde a Libra.
Cerdo corresponde a Escorpio.

Que a veces tienen algo en común en su significado, y a veces no tanto, porque al fin y al cabo todos hablan de la condición humana y su comportamiento ante este gran adoctrinamiento al que llamamos vida.

Hay curiosas distinciones, pero todos tenemos algo de Rata, más de Buey, un poco de Tigre, casi todos de Conejo, muy pocos de Dragón, muchos de Serpiente, algunos de Caballo, buena parte de Cabra, alto reflejo de Mono, sin faltar aires de Gallo, a veces de Perro y en ocasiones de Cerdo, o de Jabalí si se prefiere.

De la misma manera que prácticamente toda la especie humana tiene el impulso de Aries, el arte de Tauro, las palabras de Géminis, las emociones de Cáncer, el ego de Leo, la poesía de Virgo, la búsqueda de la belleza de Libra, la fatalidad de Escorpio, la ambición de Sagitario, las ganas de ascender de Capricornio, la facultad de pensar de Acuario y la sensibilidad de Piscis.

El lado oscuro de los signos

Mi maestro, el eminente Yam Pao, decía que siempre se tiene que ser positivo y buscar lo mejor de la vida y de cada persona, porque lo malo viene solo y no nos queda más remedio que soportarlo, mejorarlo o prevenirlo, pero nada más, así que lo mejor es afrontar la existencia con humildad, paciencia, paz, armonía, tranquilidad, vocación de servicio y una franca pero moderada sonrisa, porque tampoco la alegría se debe exagerar.

Todos tenemos defectos, porque, como bien dice mi pupilo, el Dr. Tapia, "los humanos nos inventamos unos valores que no podemos cumplir, y unos pecados (o defectos) que son imposibles de evitar", pero en la astrología china preferimos abundar en lo bueno y positivo, al menos desde nuestro punto de vista, que no en lo malo; sin embargo, al occidentalizar el horóscopo chino también nos ha dado por señalar los errores o defectos, por ejemplo:

-La Rata tiene el defecto de la cicatería, o tacañería para con sus colaboradores, pero no dudará en regalar sus bienes en exceso o en personas que no se lo merecen; y a veces es algo obstinada, fanática, misteriosa y destructiva.

Fuera de eso, y alguna cosa más que veremos más adelante, es una magnífica persona.

Rata.

-El Buey, o Búfalo, tiene el defecto del desánimo y de la mala suerte, así como el de esconder sus sentimientos y, más a menudo de lo que parece, porque se le considera un ser de gran fuerza de voluntad, de cambiar de idea y de ser poco amable y hasta desagradecido con las personas que le han ayudado a conseguir lo que desea.

Fuera de eso, y de alguna cosa más, es una magnífica persona.

Buey o Búfalo.

-El Tigre tiene el defecto de parecer algo grosero y apático, e incluso de mostrarse algo violento ante los demás, de creer saber mucho cuando en realidad carece de pensamiento crítico y se deja arrastrar por las ideologías; a menudo incluso peca de pereza y dependencia.

Obviamente, fuera de esos defectos y de alguno más, es una magnífica persona.

Tigre.

-El Conejo, Liebre o Gato tiene el defecto de la volu-
bilidad, los celos, el drama, la exageración y la falta
de constancia o fidelidad, pues odia que le hagan
lo que él les hace a los demás frecuentemente. Por
supuesto, también se lanza de cabeza a los abismos
o se deprime con facilidad.

Sin embargo, fuera de esos detalles negativos, y
alguno más, es una excelente y hasta admirable persona.

Conejo, Liebre o Gato.

-El Dragón tiene el defecto de empezar muchas
cosas y de acabar muy pocas, de no reflexionar antes de actuar, de dejarse mantener por el hermano
mayor y de creer que es joven cuando ya está do-
blando la madurez, además de ser muy inseguro a
pesar de su palpable y patente buena fortuna.

Sin embargo, fuera de sus defectos habituales, y
uno que otro más, es una bellísima y hospitalaria
persona.

Dragón.

-La Serpiente tiene el pequeño defecto de la traición, la hipocresía, la deslealtad, la ingratitud y la falsedad, junto con el peligro que todo ello representa, aprovechando hasta el último aliento de sus víctimas sin aceptar que hace mal, porque, a pesar de todo, cree que se merece lo mejor de lo mejor solo por brindar su compañía.

A pesar de ello, es innegable que la Serpiente puede ser, y a veces lo es, una agradable y hasta sabia persona.

Serpiente.

-El Caballo a menudo peca de confiado, de creído, de exigente y hasta de algo resabiado, lo mismo que se afana por estar enfermo o excitado al tiempo que intenta engañar, hacer trampa o defraudar a los demás, ya sea con un bien material o con una traicionera coz sentimental o emocional.

Por supuesto, fuera de estos detalles es una persona de lo más simpática, servicial y agradable.

Caballo.

-La Cabra tiene el defecto de los excesos, de la despreocupación, de la obsesión paranoide, de la crítica sin fundamento y de la falta de empatía prácticamente con todos y con todo, con unos aires de grandeza y de suficiencia insoportables, haciendo daño a los que le rodean sin ninguna necesidad y sin obtener ningún provecho por ello.

No obstante, no cabe duda de que, fuera de sus defectos, la Cabra resulta ser una persona verdaderamente encantadora.

Cabra.

-El Mono, como su nombre lo dice, peca de ti-midez tanto como de descaro, pues se sabe animal pero finge ser humano, con actitudes sucias y bajas pero disfrazadas de excelsitud, con un ego enorme a pesar de sus tropiezos y ridículos, y una insegur-idad personal que esconde detrás de verdaderas ca-nalladas.

Sin embargo, y a pesar de todo, puede ser una brillante y entrañable persona.

Mono.

-El Gallo puede ser un dechado de pomposa vanidad que deja al Mono como un aprendiz en la profesión del egoísmo y el egocentrismo, pues se cree el mejor de todo el mundo y del universo entero, y desprecia a todos los demás, ve en todo y en todos múltiples defectos, haciendo más daño con lo que dice que con lo que hace.

Fuera de esas nimiedades, puede resultar una gran compañía y ser una persona verdaderamente maravillosa.

Gallo.

-El Perro puede manifestar un carácter irritable, moralista, represor, hostil y hasta peligroso y amenazante con los más cercanos, mientras que para los de fuera finge ser una persona amable, servicial y equilibrada, escondiendo así todos los traumas y resentimientos que lleva dentro.

No cabe duda de que, a pesar de sus defectos, puede y suele ser una persona de lo más simpática, agradable y equilibrada.

Perro.

-El Cerdo puede ser desconcertante, irascible, violento, guerrero, capaz del peor de los actos, e incluso desleal y venenoso, con la cabeza llena de raras fantasías y los pies muy lejos de tierra, una amenaza velada pero constante, o una bomba a punto de explotar.

Pero fuera de estos puntuales defectos, puede ser el mejor amigo y la mejor persona en la que se puede confiar siempre y para todo.

Cerdo.

En la vida todo son momentos y detalles, decía mi maestro, y un momento de locura lo podemos tener todos y cada uno de nosotros, y con él deshacer o destruir toda una vida de armonía, amor y provecho; de la misma manera que un solo acto al final de nuestra existencia puede limpiar todos nuestros defectos, porque de amor y nobleza ninguno de nosotros carece.

LA FAMILIA Y OTRAS PARTICULARIDADES CHINAS

Aunque se occidentalicen ciertas características de los signos del horóscopo chino para hacerlas compatibles con Occidente, hay ciertas particularidades chinas que deben tenerse en cuenta:

-Una cosa es el amor y el enamoramiento, y otra muy diferente el matrimonio y la familia.

El matrimonio es una cosa seria, casi una obligación para ambos sexos, sobre todo para las mujeres, y no debe tomarse a la ligera; y si bien el cariño, el afecto y la sexualidad son importantes en una relación matrimonial, tampoco son indispensables; mientras que el respeto, la lealtad y el mutuo apoyo sí lo son, además de la productividad de por lo menos dos descendientes, Yin y Yang de preferencia, aunque con uno puede ser suficiente.

La pareja matrimonial debe trabajar codo con codo en todos los niveles, tanto en el hogar como en la economía, desde cocinar, lavar la ropa y los trastes, cuidar a los hijos y aportar los bienes materiales necesarios para la vida diaria y las diversiones.

Por supuesto, y como en muchos otros lugares del mundo, los matrimonios concertados por la familia o un casamentero suelen ser más estables y felices que los amores por enamoramiento.

En el matrimonio, las compatibilidades astrológicas están a la orden del día y son muy importantes a la hora de elegir pareja.

La familia es toda una responsabilidad cuasi eterna, pues el hermano mayor debe cuidar de las hermanas y de los hermanos menores, incluso criarlos y mantenerlos si se da el caso o la circunstancia, pues es todo un deshonor huir de las obligaciones y responsabilidades familiares.

También se debe cargar con los abuelos, e incluso con los tíos ancianos, o por lo menos ofrecerles hospitalidad por un tiempo casi ilimitado.

-El sexo de los descendientes es muy importante, y aunque predomina la tendencia a tener hijos varones, también hay quien se afana por tener hijas, tanto, que hay hasta tablas para conseguir determinar el sexo de los hijos desde la misma concepción, por mucho que la apuesta siempre esté determinada por el 50% de posibilidades de que sea niño, y 50% de posibilidades que sea niña.

Para la cultura china las niñas son más listas pero menos fuertes, más problemáticas pero más confiables, e infinitamente más cuidadoras y serviciales, pero también más crueles y despiadadas que los niños.

Cuando la política de Mao impulso la idea de tener solo un descendiente, el pueblo chino no dudó en elegir a los varones, deshaciéndose de las niñas siempre que podían, algo que por suerte ha cambiado en los últimos años, y las niñas vuelven a ser deseadas y bienvenidas.

Familia china.

-La amistad se entiende más allá de la simple simpatía o afecto, pues para que haya una verdadera sintonía con el otro también se deben hacer negocios, darse ayuda mutua y no cobrar los préstamos entre amigos, en una especie de serendipia social, donde unos prestan a otros sin esperar que se les reintegre el préstamo, porque seguramente habrá quien le preste y así recupere sus bienes.

Las mafias chinas dan préstamos elevados a todo chino que quiera emprender un negocio, muchas veces sin más aval que la palabra dada, y corriendo el riesgo de que el negocio fracase y se pierda todo. Eso sí, si el negocio prospera, cobrarán con creces el préstamo otorgado, para poder prestarle a un nuevo emprendedor.

-Las jerarquías se respetan en todo caso: el que manda, manda, y el que obedece, obedece, ya sea

en relación familiar o laboral, a pesar de que la actitud china sea mayoritariamente empresarial, incluso entre los campesinos, y que todos preferirían
ser amos y no empleados.

II
La fortuna del Dragón

Para los nacidos en los años:
1928, 1940, 1952, 1964, 1976, 1988, 2000, 2012, 2024, 2036

Mes de correspondencia: Abril
Elemento base: Madera

No te quejes,
todos tenemos suerte,
unos buena, otros mala,
pero los azares del destino
siempre están presentes.

No todos los Dragones son iguales, aunque sí suelen ser afortunados, porque cada elemento, fase o movimiento afecta de manera distinta lo que será su nacimiento y su vida en esta Tierra, lo que sucede cada 60 años para que un elemento se repita.

Hay un Dragón de tierra.
Hay un Dragón de metal.
Hay un Dragón de agua.
Hay un Dragón de madera.
Y hay un Dragón de fuego.

辰龍

Cada uno de ellos tiene sus propias fechas de nacimiento:

-Del 03-02-1916 al 22-01-1917: Dragón de fuego.
-Del 23-01-1928 al 09-02-1929: Dragón de tierra.
-Del 27-01-1952 al 13-02-1953: Dragón de agua.
-Del 08-02-1940 al 26-01-1941: Dragón de metal.
-Del 13-02-1964 al 01-02-1965: Dragón de madera.

-Del 31-01-1976 al 17-02-1977: Dragón de fuego.
-Del 17-02-1988 al 05-02-1989: Dragón de tierra.
-Del 05-02-2000 al 23-01-2001: Dragón de metal.
-Del 23-01-2012 al 09-02-2013: Dragón de agua.
-Del 10-02-2024 al 28-01-2025: Dragón de madera.

Veamos qué significa cada uno de ellos:

DRAGÓN DE TIERRA

El Dragón de tierra es el artesano divino, el constructor, el que toma la iniciativa y emprende el camino que otros temen o no desean. Es símbolo de abundancia, pero también de retos que se deberán asumir a pesar de los peligros. Tienes magia.

DRAGÓN DE METAL

No cabe duda de que el Dragón de metal es símbolo de protección y abundancia, porque la suerte persigue a quienes nacen en esta fecha, lo que puede ser un obstáculo para la propia realización. No caigas en la desidia ni en la pereza.

DRAGÓN DE AGUA

El Dragón de agua es el señor de las buenas ideas, de los proyectos y de las posibilidades que se abren ante sus fuerzas, por lo que debe luchar para que sus sueños se hagan realidad y no se queden solo en buenas ideas.

DRAGÓN DE MADERA

No hay nadie mejor que el Dragón de madera para hacer cuentas y atesorar lo conseguido, por lo que suele desconfiar de los demás y temer a la competencia, pero no debe hacer malas elecciones o animar a los ridículos para que no le hagan sombra.

DRAGÓN DE FUEGO

El más brillante y productivo de los Dragones, con él vienen las novedades, el futuro, las revoluciones, los cambios y los relevos generacionales, por lo que debe ser muy selectivo de sus batallas y muy positivo en sus proyecciones, pues también puede incendiarlo absolutamente todo.

Tampoco es lo mismo ser varón (Yang) que hembra (Yin):

DRAGÓN YANG

El Dragón Yang a menudo peca de confiado, tanto por su buena suerte como por su fuerza y su poder, lo que a menudo le lleva a no hacer lo que realmente tiene que hacer, dejándose llevar por la comodidad de su signo. La buena suerte de los hombres Dragón puede ser un obstáculo para su correcto desarrollo.

DRAGÓN YIN

Por el contrario, la mujer Dragón, hábil, artística y apasionada, suele pecar de desconfiada y pensar mal de todos los que tiene cerca, lo que le trae algunos problemas. De cualquier manera, es independiente, valiente y fresca. Las mujeres Dragón de madera y de tierra suelen ser tan fuertes, y con destrezas de lucha y competencia, como los hombres de cualquier signo.

Ni se expresan igual en la infancia y en la senectud:

DRAGÓN EN LA INFANCIA YIN

Cuentan las leyendas que no hay nadie más hermosa y pizpireta que la niña Dragón desde el mismo momento de nacer, pues suele traer la suerte consigo a toda la familia y a todo lo que la rodea. Se ve tierna, pero no le falta carácter ni fuerza; siempre curiosa e inquieta, hábil para cualquier tarea.

DRAGÓN EN LA INFANCIA YANG

El niño Dragón también trae la suerte para los demás, pero la concentra en sí mismo porque se le consiente y se le aplaude todo, en lugar de llevarlo por el sendero del trabajo y la disciplina. Si se le da todo, no luchará por nada.

DRAGÓN EN LA JUVENTUD YIN

Apasionada como es la joven Dragón, se enamorará con facilidad y atraerá a varios pretendientes, pero solo escogerá a los más atrevidos. Ama a los artistas, pero su instinto le hace apostar por los trabajadores. A veces huye del matrimonio cuando lo ve demasiado cerca, pues también ama a su independencia.

DRAGÓN EN LA JUVENTUD YANG

Curiosamente, el joven Dragón, a pesar de ser apasionado en la intimidad, es algo tímido e inseguro en lo social, y a menudo se refugia en casa o con los modelos maternos que no le exigen demasiado. Eso sí, desarrolla diferentes habilidades y tiene sueños y proyectos de futuro.

DRAGÓN EN LA MADUREZ YIN

La mujer Dragón puede parecer demasiado astuta e interesada, con un buen corazón que sabe cuidar de los ancianos, pero con una ambición a veces desmedida con la que desea asegurar su futuro. Es sabia, pero puede pasar como malvada ante los ojos ajenos.

Dragón en la madurez Yang

Al joven Dragón le costará alcanzar la madurez o asentarse de verdad en sus relaciones sociales y familiares, pero en cuanto lo hace se le nota el cambio para bien, y mucho. Una vez que se independiza y asume sus responsabilidades, es prácticamente imparable.

Dragón en la ancianidad Yin

A la mujer Dragón le costará mucho aceptar su ancianidad, e intentará mantenerse joven, activa y productiva lo más que pueda, con el corazón abierto para todo tipo de amores, orgullosa de poder valerse por sí misma en todos los terrenos.

Dragón en la ancianidad Yang

El anciano Dragón adquiere sabiduría y tranquilidad, y se deja cuidar con todo el gusto del mundo, sin dejar de hacer cuentas y de proteger lo que tiene, para dejar su herencia a quienes lo merezcan. A veces parece bravo, pero solo es un disfraz para no parecer débil.

Compatibilidades del Dragón

El Dragón puede llevarse bien con todos los signos, pues es quien otorga la buena suerte al resto, aunque a veces se olvida de la mujer Conejo y del hombre Cerdo por atender a la Cabra y luchar contra el Tigre. Para los occidentales es un animal mítico, pero para la cultura china es del todo sensible, palpable y real.

En la personalidad

Nada mejor para desarrollar la personalidad de

una manera firme y positiva que la relación con otras personas del mismo signo, es decir, Dragón, pues en ellas podrá ver y reflejar sus propias virtudes y defectos, superando lo negativo y potenciando lo positivo.

EN LA AMISTAD

Nada mejor que la Cabra, el Perro y el Buey para tener una buena, divertida y sana relación amistosa, pues las personalidades y caracteres de estos cuatro signos se ayudan y se compensan. De cualquier manera, hay que señalar que las relaciones amistosas del Dragón no suelen ser muy duraderas, aunque sí intensas.

EN LOS NEGOCIOS

A pesar de la amistad, la Cabra no es recomendable para hacer negocios con el Dragón, mientras que la Serpiente, con quien no se siente muy a gusto, sí le puede funcionar en los negocios por un tiempo determinado. El Buey sería su mejor socio, y la gente Dragón sus mejores clientes. No hay que olvidar que el Dragón es más emprendedor que empleado.

EN LAS RELACIONES FRATERNALES O FAMILIARES

El Dragón tiene buenas relaciones familiares con la Cabra, el Perro y el Conejo, donde puede hacer el papel de hermano menor con toda confianza, sobre todo con el Perro, a pesar de que sus caracteres son muy diferentes. El Dragón no suele ser un buen hermano mayor, pero sí una estupenda hermana mayor que cuida de sus padres y de su familia en general.

EN LA MATERNIDAD O PATERNIDAD

La mujer Dragón, aunque a veces no lo parezca, es una madre sobreprotectora a la vez que muy disciplinada, siempre preocupada de que su descendencia no enferme ni se contagie de nada, y procurando que lleguen alto y lejos en la vida; mientras que el padre Dragón es menos obsesivo, y solo cumple con lo que tiene que cumplir, pero sin exagerar los cuidados.

EN LA DIRECCIÓN Y EL MANDO

El Dragón es emprendedor o niño mimado, y a menudo le toca mandar, elegir, decidir y actuar, lo que hace con desenfado y de forma casi natural, sin ejercer demasiada presión sobre sus subordinados; mientras que la mujer Dragón sí posee don de mando, a veces demasiado, y sabe sacar provecho de su posición. Sus mejores subordinados son el Cerdo y el Conejo, y los peores la Cabra y la Rata.

EN EL SERVICIO Y LA HOSPITALIDAD

Tanto el hombre como la mujer Dragón saben servir y ser hospitalarios, sobre todo si hay amistad o interés en hacerlo, porque les encanta quedar bien y disfrutar de la compañía de gente que consideran de su nivel, o de un nivel más elevado, aunque él sea espléndido y ella un poco tacaña a la hora de poner la mesa. Sirven bien a otra gente del Dragón, y al Buey y al Tigre si son de su mismo nivel, y a veces soportan a la Cabra y la Serpiente si no les queda más remedio.

EN LA PAREJA

Para la pareja les va bien el mismo Dragón, la Cabra en ciertas ocasiones, el Perro para lo serio, el Búfalo en lo familiar, y el Conejo según los casamenteros. A la mujer Dragón, a pesar de lo independiente que es, le gusta tener una pareja a la que pueda lucir ante los demás; mientras que el hombre Dragón apuesta por una mujer empresaria, o incluso que gane más que él, pues así se siente seguro y protegido.

EN LOS CAMBIOS Y LAS TRANSFORMACIONES

Al Dragón, a pesar de viajar y moverse mucho, no le gustan demasiado los cambios, a menos que sean espectaculares, como un golpe de suerte, una gran herencia o un regalo muy especial; de cualquier manera, el Cerdo puede llevarlos a una etapa de cambio y transformación a nivel personal, el Buey a nivel de ascenso, y el Tigre a nivel intelectual. Los cambios que le propone la Cabra pueden ser desastrosos.

EN LOS ESTUDIOS Y LA ESPIRITUALIDAD

El Tigre y el Buey son sus mejores maestros en lo positivo, ya que le elevan el alma tanto como el espíritu, mientras que lo que le enseñe la Serpiente puede ser complejo; y lo que le abra mentalmente el Caballo, poco provechoso espiritualmente o demasiado exigente. Al Dragón no le faltan habilidades, pero no suele ser ni muy espiritual ni buen estudiante.

EN EL TRABAJO

Los mejores compañeros de trabajo son la Cabra, el Perro y el Buey; y los peores el Tigre, la Serpiente, el Mono y el Cerdo; aunque el peor de todos quizá sea el mismo Dragón, pues hay mucha competencia frente a su mismo signo. Igualmente, el Dragón no suele eternizarse en ningún trabajo, y lo que más puede durarle es su propia empresa.

En la razón y en la ciencia

El Dragón no es un signo de ciencia, aunque es un estupendo contable y le gustan las cosas cuadradas y que dos más dos sean siempre cuatro, pero se acercará a ella si no le queda más remedio, por cumplir con la familia o porque nació y creció en ese entorno y en ese medio. El Tigre es su mejor opción en este terreno.

En el arte y el placer

Nada mejor que el Conejo para experimentar los placeres y los excesos de la vida, incluso más que con la disipada Cabra; ambos pueden sacarle su faceta más sensible y artística, su gusto por la música y el teatro, e incluso su tendencia al juego de azar o de mesa. La diversión no es mala, lo malo es caer en vicios y dependencias, a lo que el Dragón puede ser afecto, incluso sin darse cuenta y pensando que lo que hace es lo más normal del mundo.

Salud

La salud del Dragón suele ser buena, algo aprensiva en el caso de las mujeres Dragón, o irreflexiva en el caso de los hombres del signo, pero harto longeva si no hay un accidente de por medio, algo a lo que son propensos cuando están bajo los efectos de cualquier exceso, ya sea emocional, como un mal de amores, o físico, cuando se ha bebido más de la cuenta. El torrente sanguíneo es su fuente de salud o enfermedad.

Dinero

Casi todos los signos que le rodean son buenos para su economía y su dinero, con excepción del Perro, su principal competidor o enemigo en este terreno, o el Conejo, que más que darle, le sacará provecho. El resto pueden ser rentables en uno u otro momento, especialmente la Serpiente y el mismo Dragón; sin dejar de lado que casi siempre tendrá protección y suerte en este terreno.

Amor

El amor, entendido románticamente o como enamoramiento, le ofrece al Dragón pasión con otro Dragón; placer, incluso prohibido, con el Conejo; divertido y hasta poético o artístico, con la Cabra; conflictivo, pero atractivo, con el Perro; y estable o más o menos duradero con el Buey. El Dragón puede ser leal, pero rara vez fiel; posesivo, aunque no celoso dcl todo; y, a pesar de todo ello, muy entrañable, protector y familiar.

Paternidad y maternidad en China.

"Si naciste un año del Dragón en el mes de abril, eres doblemente Dragón."

Años del Dragón y
su significado global

Cada año hay una influencia general y global, incluso generacional, que afecta tanto personal como comunitariamente:

Del 03-02-1916 al 22-01-1917:
Dragón de fuego
Año de recuperación y de tratados internacionales con remanentes de guerra.

Del 23-01-1928 al 09-02-1929:
Dragón de tierra
Año de alegría y de desarrollo social, aunque con tormentas económicas que se avecinan.

Del 27-01-1952 al 13-02-1953:
Dragón de agua
Año de políticas globales y de convenios que afectan a diferentes poblaciones.

Del 08-02-1940 al 26-01-1941:
Dragón de metal
Año de crecimiento artístico y cambio generacional, con tormentas en la política y aires de guerra.

Del 13-02-1964 al 01-02-1965:
Dragón de madera
Año de lluvias y de tormentas, pero también de cosechas y de eventos para el deporte y la paz social.

Del 31-01-1976 al 17-02-1977:
Dragón de fuego
Año de esfuerzos en la industria, de desacuerdos globales en el desarrollo de la economía.

Del 17-02-1988 al 05-02-1989:
Dragón de tierra
Año de desencuentros sociales, sentimentales y emocionales, pero mejoras para la agricultura y la ganadería.

Del 05-02-2000 al 23-01-2001:
Dragón de metal
Año de mejoras en la tecnología, pero también de miedos insustanciales.

Del 23-01-2012 al 09-02-2013:
Dragón de agua
Año de ganancias para los pueblos pobres, y ajustes en la economía global.

Del 10-02-2024 al 28-01-2025:
Dragón de madera
Año de lluvias y de bienes, pero de pérdidas para los pueblos pobres.

III
LA ASTUCIA DE LA SERPIENTE

PARA LAS PERSONAS NACIDAS EN LOS AÑOS:
1929, 1941, 1953, 1965, 1977,
1989, 2001, 2013, 2025, 2037

MES DE CORRESPONDENCIA: MAYO
ELEMENTO BASE: FUEGO

> *La astucia*
> *es un arte menor*
> *de la inteligencia,*
> *pero rinde,*
> *por desgracia,*
> *mejores frutos*
> *materiales.*

No todos las personas nacidas bajo el signo de la Serpiente son iguales, porque cada elemento, fase o movimiento afecta de manera distinta lo que será su nacimiento y su vida en esta Tierra, lo que sucede cada 60 años para que un elemento se repita.

HAY UNA SERPIENTE DE TIERRA.
HAY UNA SERPIENTE DE METAL.
HAY UNA SERPIENTE DE AGUA.

HAY UNA SERPIENTE DE MADERA.
HAY UNA SERPIENTE DE FUEGO.

巳蛇

Cada una de ellas tiene sus propias fechas de nacimiento:

-Del 23-01-1917 al 10-02-1918: Serpiente de fuego.
-Del 10-02-1929 al 29-01-1930: Serpiente de tierra.
-Del 27-01-1941 al 14-02-1942: Serpiente de metal.

-Del 14-02-1953 al 02-02-1954: Serpiente de agua.

-Del 02-02-1965 al 20-01-1966: Serpiente de madera.

-Del 18-02-1977 al 06-02-1978: Serpiente de fuego.

-Del 06-02-1989 al 26-01-1990: Serpiente de tierra.

-Del 24-01-2001 al 11-02-2002: Serpiente de metal.

-Del 10-02-2013 al 30-01-2014: Serpiente de agua.

Veamos qué significa cada uno de ellos:

SERPIENTE DE TIERRA

No hay que engañarse con el carisma enigmático de la Serpiente de tierra, pues puede ser tan seductora como aprovechada y peligrosa: cree que es suficiente con su presencia para que los demás la traten como a una reina y la tengan en la mejor consideración. Tiene dones artísticos.

SERPIENTE DE METAL

La Serpiente de metal es disciplinada y meticulosa, estudiosa y con aspiraciones filosóficas, pero algo dura para las relaciones amorosas y sociales. Como toda Serpiente es atractiva y seductora, por lo que puede tener muchos amoríos, pero le cuesta entablar una relación seria o de pareja.

SERPIENTE DE AGUA

Es la más sensible de las Serpientes, con un alto sentido paternal o maternal y verdaderos deseos de ayudar a los demás, pero con el tiempo y los tropiezos de la vida puede volverse solitaria o desconfiada, e insegura en sus relaciones personales, huyendo incluso de quien no le ha hecho ningún daño.

SERPIENTE DE MADERA

La Serpiente de madera es muy constante y productiva, sociable y amable, pero se vuelve peligrosa cuando se siente traicionada o cree que no le han pagado con la misma moneda. Es muy positivo que cuente con una meta personal donde lo que valga sea su propio esfuerzo y no la respuesta de los demás.

SERPIENTE DE FUEGO

Si no le da miedo y no se espanta, puede ser muy mística y esotérica, y hasta convertirse en excelente consejera de los demás. La pasión del fuego a menudo la abraza y la abrasa, y puede perder el sentido o el camino de sus objetivos por seguir a la persona que ama.

Tampoco es lo mismo ser varón (Yang) que hembra (Yin):

SERPIENTE YANG

El hombre Serpiente suele ser amado por los demás a pesar de sus múltiples contradicciones, pues sabe que puede ser muy afable aunque no lo sienta, o muy desagradable y esquivo por seguir sus ambiciones, con la excusa de que no le gusta mezclar contextos. De una o de otra manera, casi siempre se las arregla para conseguir lo que desea.

SERPIENTE YIN

La mujer Serpiente es más hábil y astuta de lo que los demás se piensan, pues es capaz de renun-

ciar a sus propios dones con tal de vivir en total comodidad y hasta dependencia en todos los sentidos
(aprovechó el lomo del Caballo para llegar a Buda).
Sin embargo, en lo positivo, puede llegar a ser una
magnífica persona.

Ni se expresan igual en la infancia y en la senectud:

SERPIENTE EN LA INFANCIA YIN

Se puede decir que la niña Serpiente es simplemente hermosa, más sabia de lo que suele ser común a su edad, y con un desparpajo poco usual.
Suele ser precoz en todos los sentidos, y aprende
pronto a sacar partido del mundo que la rodea. Puede
mostrar habilidades fuera de lo común en el arte
y el canto.

SERPIENTE EN LA INFANCIA YANG

El niño Serpiente suele ser muy egoísta, pues
odia compartir a sus padres y más odia prestar sus
juguetes, pero, por otra parte, es un pequeño Buda,
elástico de cuerpo y de mente, y con cierta sabiduría
que desafía la lógica de la vida. Lo peor que le puede
pasar es no sentirse querido por los demás.

SERPIENTE EN LA JUVENTUD YIN

Curiosamente, la juventud de la Serpiente Yin puede ser del todo aventurera, ajena a las convenciones
sociales y capaz de subir cualquier montaña o de
cruzar cualquier río, y no solo por enamoradiza, que
lo es, sino porque le encanta desafiar a la autoridad
y al destino. Aun así, no duda en sacar provecho de
aquellos que se lo permitan.

SERPIENTE EN LA JUVENTUD YANG

Los hombres jóvenes de este signo son también aventureros, pero a lo seguro, y a menudo utilizan el amor como pretexto para cometer todo tipo de locuras, pero lo que en realidad les interesa es experimentar los placeres de la vida. Algunos son talentosos, otros no, pero todos buscarán el apoyo y el respaldo de sus amigos.

SERPIENTE EN LA MADUREZ YIN

La mujer Serpiente cambia mucho en la madurez, pues a menudo se siente confundida o nada satisfecha con su pasado, y buscará romper con todo para iniciar una nueva vida sin las locuras del pasado, e incluso con lo estable que estaba. Menos dependiente y más centrada, puede encontrar lo que desea.

SERPIENTE EN LA MADUREZ YANG

El hombre Serpiente, cuando madura, no suele buscar más estabilidad que la de su profesión, alejándose lo más posible del mundo que le rodeaba en la juventud, pero sin romper del todo con su pasado, por bueno o malo que haya sido. La madurez le sienta bien para lograr sus objetivos.

SERPIENTE EN LA ANCIANIDAD YIN

Normalmente suele llegar a la vejez en muy buena forma, sobre todo en lo que respecta a la imagen externa, pero el pasado y algunos errores siempre le pesarán por dentro, aunque se consuela pensando que pudo haber sido peor persona. Puede recuperar parte del tiempo perdido con sus dones artísticos.

SERPIENTE EN LA ANCIANIDAD YANG

El anciano Yang no suele llegar en muy buena forma a la vejez, ya que los excesos de la juventud y hasta de la madurez le pasarán factura, y le obligarán en cierta manera a cuidarse como no lo hizo nunca. Su fortaleza natural lo sacará de muchos problemas físicos, pero no se sentirá culpable prácticamente de nada.

COMPATIBILIDADES DE LA SERPIENTE

La Serpiente es capaz de seducir y de encantar a medio mundo, pero hay signos a los que no engaña ni hipnotiza, o simplemente con los que no se lleva nada bien aunque lo intente con toda el alma.

EN LA PERSONALIDAD

Su propio signo no es una mala influencia, aunque curiosamente otras personas Serpiente no suelen caerle nada bien. El Buey es mejor para afianzar su personalidad, y con el Tigre hará buenas migas intelectuales.

EN LOS NEGOCIOS

Como negociante, el signo de la Serpiente no es muy recomendable para los demás, pues su ambición y celos profesionales le pierden y hacen que cometa una que otra canallada, aunque también sabe ayudar a los demás en sus inicios. De cualquier manera, y de forma puntual, el Caballo, la Cabra y el Perro pueden serle de mucha utilidad. Con la Rata el conflicto siempre emerge.

EN LAS RELACIONES FRATERNALES O FAMILIARES

Las personas Serpiente suelen tener poca afinidad familiar, aunque saben cumplir con el protocolo perfectamente, tanto para dar como para recibir cuando es necesario, pero no para hacerse cargo de nadie como hermano o como hermana mayor. Prefieren mantenerse algo lejos de los familiares. Bien con la Cabra y el Tigre, más o menos con el Cerdo y el Mono, y mal o nada con el resto.

EN LA MATERNIDAD O PATERNIDAD

Las mujeres y los hombres Serpiente pueden poner huevos y cumplir con sus descendientes, pero tampoco les apura mucho ser el padre o la madre del año, ni quedar como madres o padres amantísimos y sacrificados. Bien con el Cerdo como descendientes, y de manera fría con otras Serpientes.

EN LA DIRECCIÓN Y EL MANDO

No son pocas las personas Serpiente que se dedican a los negocios, dejando de lado las veleidades artísticas; o que se dedican a la educación o a la academia, donde encuentran seguridad y aceptación; pero tampoco son pocas las que prefieren no hacer nada de nada, o solo lo mínimo para salir adelante, sobre todo si cuentan con alguien que las mantenga o si han heredado el mando. Bien con casi todos de entrada, mal con casi todos de salida.

EN EL SERVICIO Y LA HOSPITALIDAD

Las personas Serpiente no son muy sociables que digamos, y si pueden evitar un compromiso, lo evitan. Incluso si ellas son las invitadas, a menudo se sienten a disgusto, y eso que les encanta que los halaguen y les sirvan. Si no hay más remedio, sobre todo los hombres hacen un esfuerzo, especialmente si hay placeres de por medio; pero ellas solo cuando hay un interés de por medio. Todos los signos son igual de compatibles e incompatibles en este terreno para la Serpiente.

EN LA PAREJA

El Cerdo puede complementarlos; la Cabra protegerlos como si fuera su padre; el Caballo cuidarlos como si fuera su madre; y el Gallo deslumbrarlos, pero hasta después de dos o tres intentos, y más en la madurez o casi en la ancianidad, las personas Serpiente, a decir de los casamenteros, no son lo más recomendable como pareja, pero no están nada mal como enamorados o amantes, pues así lo indican las estrellas.

En el amor y la pareja,
lo que digan las estrellas.

EN LOS CAMBIOS Y LAS TRANSFORMACIONES

Las personas Serpiente aman la seguridad, prefieren ser amados que amar, y ser protegidos que proteger; sin embargo, a lo largo de su vida hacen cambios radicales sin que les tiemble el pulso y se lanzan de cabeza a las novedades del mundo, la vida y la existencia. Bien con la Cabra, el Gallo y el

Perro, y no tan mal con el resto de los signos, aunque la Rata siempre puede atarle y aguarle la fiesta.

EN LOS ESTUDIOS Y LA ESPIRITUALIDAD

El Tigre es su mejor compañero de estudios y de aspiraciones espirituales, algo que en China es de lo más habitual, porque estudiar y aprender es tanto como elevar el espíritu. Con la Cabra también hay buenas vibraciones, pero no con el Caballo ni el Buey, y mucho menos con la Rata.

EN EL TRABAJO

La Serpiente se puede llevar perfectamente bien con todo el mundo en el terreno laboral, pues tiene el don de saber estar y de decir lo que los demás quieren oír, incluso si apenas puede soportarlos; además, sabe desconectar el trabajo de su vida personal, así como dejar a un lado su vida personal cuando está trabajando.

La naturaleza filosófica de la Serpiente.

EN LA RAZÓN Y EN LA CIENCIA

Este es el único terreno en el que se lleva bien con la Rata, ya sea por gusto, por jerarquía o por obligación, ya que la Rata tiene mucho que enseñarle y muchas puertas que abrirle. Con el Tigre también tiene un lazo filosófico, y con la Cabra un punto de encaje con respecto a la razón. La Serpiente es filósofa por naturaleza.

EN EL ARTE Y EL PLACER

Sin duda, el Conejo, el Perro, el Gallo y el Caballo son muy compatibles con la Serpiente, siempre y cuando no la suban al escenario en estado de sobriedad, pues la Serpiente odia ser el centro de atención, y por eso se lleva muy mal con el Mono en este terreno. La literatura o los libros pueden ser un buen punto de encuentro. La Serpiente tiene muchos dones artísticos, y vive mejor si no renuncia a ellos.

SALUD

El hombre Serpiente es más fuerte que la mujer Serpiente, pero ambos deben cuidar su dentadura, los efectos del paso del tiempo en el organismo, y las debilidades de carácter y de las cuerdas vocales. No es el signo más longevo, pero sí puede llegar a la vejez con cierta dignidad, al menos en apariencia, pues suele conservar su atractivo durante muchos años.

DINERO

A pesar de ser un signo de lo más ambicioso, a menudo se conforma con lo mínimo si no le exigen demasiado, y no desprecia que lo cuiden, lo ayuden y hasta lo mantengan, si con ello consigue la seguridad de la que adolece. No faltan los que se enriquecen y tienen al dinero como a un dios, pero no suele hacerles felices ni darles la seguridad que tanto anhelan. De una o de otra manera, la Serpiente suele conseguir lo que desea.

AMOR

Tanto en el amor como en el dinero, las personas de este signo, por más que tengan y por más que consigan, raras veces se sienten seguras y felices del todo, pues les gusta seducir a medio mundo, pero que la pareja sea fiel, leal y esté siempre al pendiente de ellas. No dudan en envenenar a los demás, pero no les gusta envenenarse; y tampoco les duele abandonar a nadie, pero sufren como nadie el abandono. De una o de otra manera, el amor puede aparecer aunque tengan mil años de edad.

"Si naciste un año de la Serpiente y en el mes de mayo, eres doblemente Serpiente."

AÑOS DE LA SERPIENTE
Y SU SIGNIFICADO GLOBAL

Cada año hay una influencia general y global, incluso generacional, que afecta tanto personal como comunitariamente:

Del 23-01-1917 al 10-02-1918:
Serpiente de fuego
El sol de la paz y la tranquilidad empieza a asomar por Oriente, pero no para Occidente.

Del 10-02-1929 al 29-01-1930:
Serpiente de tierra
Año de pobreza y de crisis económica y financiera, los papeles no se pueden comer y mucho menos las monedas.

Del 27-01-1941 al 14-02-1942:

Serpiente de metal

El conflicto mundial se incrementa, las tormentas de muerte y de guerra acechan a la humanidad.

Del 14-02-1953 al 02-02-1954:
Serpiente de agua

Una nueva etapa comienza, con la esperanza de que no sea solo una conveniencia pasajera.

Del 02-02-1965 al 20-01-1966:
Serpiente de madera

Año para caminar hacia la gloria y para tener descendencia antes de que cambie el signo del año.

Del 18-02-1977 al 06-02-1978:
Serpiente de fuego

Año de bienes a nivel general, aunque de desacuerdos a nivel local por la falta de justicia en el reparto.

Del 06-02-1989 al 26-01-1990:
Serpiente de tierra

Año de sorpresas y de ascensos en las cuestiones laborales y mercantiles para medio mundo.

Del 24-01-2001 al 11-02-2002:
Serpiente de metal

Año de traiciones a nivel emocional o sentimental, los matrimonios tradicionales entran en retroceso. Tormentas de desamores.

Del 10-02-2013 al 30-01-2014:
Serpiente de agua

Año para hacer caminos y puentes que conecten a la humanidad, porque la gente emigra y cambia de lugar.

IV
La lucha eterna del Caballo

Para quien haya nacido en los años:
1930, 1942, 1954, 1966, 1978, 1990, 2002, 2014, 2026, 2038

Mes de correspondencia: Junio
Elemento base: Fuego

Mira siempre
hacia adelante,
pero no olvides nunca
a quién llevas
en el lomo.

No todos los seres del signo del Caballo son iguales, porque cada elemento, fase o movimiento afecta de manera distinta lo que será su nacimiento y su vida en esta Tierra, lo que sucede cada 60 años, cuando se repite el elemento.

Hay un Caballo de tierra.
Hay un Caballo de metal.
Hay un Caballo de agua.
Hay un Caballo de madera.
Y hay un Caballo de fuego.

午馬

Cada uno de ellos tiene sus propias fechas de nacimiento:

-Del 11-02-1918 al 31-01-1919: Caballo de tierra.
-Del 30-01-1930 al 16-02-1931: Caballo de metal.
-Del 15-02-1942 al 04-02-1943: Caballo de agua.
-Del 03-02-1954 al 23-01-1955: Caballo de madera.
-Del 21-01-1966 al 08-02-1967: Caballo de fuego.

-Del 07-02-1978 al 27-01-1979: Caballo de tierra.
-Del 27-01-1990 al 14-02-1991: Caballo de metal.
-Del 12-02-2002 al 31-01-2003: Caballo de agua.
-Del 31-01-2014 al 18-02-2015: Caballo de madera.

Veamos qué significa cada uno de ellos:

CABALLO DE TIERRA

El caballo de tierra es muy nervioso por dentro, pero por fuera puede aparentar una gran calma, aunque le convendría más expresar sus emociones, pues con ello se libraría de tensiones y emociones negativas. Eso sí, le gusta cumplir con su palabra tanto en lo bueno como cn lo malo, por lo que siempre se puede contar con él.

CABALLO DE METAL

Nada detiene al Caballo de metal en sus propósitos, ya sean nobles o simplemente interesados, pues tiene una inteligencia especial que a menudo lo lleva a sacar provecho de la ignorancia ajena; además, sabe sacarle partido a su apariencia de solidez y seguridad, lo que despierta la confianza en los demás. Nadie como el Caballo de metal para vender lo imposible.

CABALLO DE AGUA

Es el Caballo aventurero, el que habla varios idiomas y viaja por medio mundo, sensible y altruista, alegre y simpático, lo que le hace mantenerse joven durante mucho tiempo. Sabe sacrificarse por los demás y ayudar a quien más lo necesita, y agradecer la hospitalidad ajena tanto como brindar la propia. Eso sí, es muy exigente en el amor y en la pareja.

CABALLO DE MADERA

Cuentan las leyendas chinas que es el peor signo para el nacimiento, pues las mujeres salen poco estéticas y demasiado parlanchinas, duras de roer y de entender, un dolor de cabeza para la familia; mientras que los hombres salen hermosos, pero siempre aniñados y poco o nada productivos. Sin embargo, hay muy buenos artistas y médicos entre sus filas.

CABALLO DE FUEGO

El gran amante, el amigo incansable, el que da todo por nada, pero que a menudo lo pierde todo, ya sea por su franqueza, pues a casi nadie le gusta la verdad, o por su tendencia a los vicios y a las quejas. Suele consumirse demasiado pronto, pues desconoce el valor de la paciencia. Puede alcanzar la fama y la fortuna en cualquier momento en los campos más diversos, pero puede perderla de igual manera.

Tampoco es lo mismo ser varón (Yang) que hembra (Yin):

CABALLO YANG

Ya sea que tenga una apariencia viril y voz gruesa, o aspecto de joven eterno, y cuente con atractivo y belleza, a menudo corre por el camino fácil de la vida, y a pesar de sus valores y virtudes, puede tener varios tropiezos si no escoge el camino recto. No es nada extraño encontrarlo en la cima de la montaña, o como político o funcionario de gobierno, si bien lo suyo es la medicina y la escritura.

CABALLO YIN

A pesar de las malas leyendas chinas sobre ella, la

mujer Caballo es una persona versátil y resuelta, e incluso inteligente, que sabe cómo conducirse por la vida, tanto como empleada y doncella, como siendo la dueña de la empresa. Buena para los negocios, luchadora y guerrera, a menudo poco convencional con respecto a las rígidas normas sociales, pero generosa y abierta. La política no es lo suyo, y los estudios reglados tampoco.

Ni se expresan igual en la infancia y en la senectud:

CABALLO EN LA INFANCIA YIN

Las niñas Caballo pueden ser tan nerviosas e inquietas que cansan a cualquiera; muy sagaces y desenvueltas, y hasta algo pícaras, que cantan, bailan y juegan, aunque no sepan cantar ni bailar. No suelen tener la típica belleza, pero pueden ser muy atractivas gracias, precisamente, a sus peculiaridades y diferencias. Suelen ser malas estudiantes.

CABALLO EN LA INFANCIA YANG

El niño Caballo a menudo alarga su niñez, pero cuando se suelta lo hace de manera ágil y decidida; muy buen estudiante, tanto, que parece que en el futuro se va a comer el mundo de un bocado. También puede ser caprichoso en familia, pero demasiado generoso y hasta algo ingenuo en sus relaciones externas, ya que a veces se deja montar por cualquiera.

CABALLO EN LA JUVENTUD YIN

Adelantada en casi todos los terrenos, la joven Caballo suele ser precoz en el amor, aunque con los pies en tierra, pues si bien es abierta y enamorada, las convenciones sociales y la palabra "matrimonio" la aterran. Suele soñar, o incluso realizar, grandes viajes y aventuras en el extranjero, y leer, más que escribir, será uno de sus mejores pasatiempos. Puede mejorar mucho en los estudios.

CABALLO EN LA JUVENTUD YANG

El deporte y las actividades físicas pueden atraer al joven Caballo, pero no será por mucho tiempo, ya que si bien tiende a ser un buen entrenador, como atleta dura poco, ya sea por lesiones o porque es consciente de que llegar a la cima cuesta mucho dinero, tiempo y esfuerzo, por lo que se sentirá más atraído por la política y el comercio. Las letras, la comunicación y la medicina serán un acierto.

CABALLO EN LA MADUREZ YIN

A pesar de sus múltiples virtudes y sus triunfos en el trabajo o en la empresa, tanto la maternidad como la hipocondría, real o ficticia, pueden nublar su camino o bajarla de su pedestal. Si se cuida mucho, será malo y obsesivo; y si se cuida poco, será peor. Si tiene hijos, será obsesiva con ellos; y si no los tiene, adoptará a cualquiera que caiga en sus manos para verter en esa persona sus obsesiones. La medicina puede ser su especialidad en los estudios.

CABALLO EN LA MADUREZ YANG

Aunque no sepa cómo ni cuándo, las experiencias de la niñez y de la juventud le llevarán por derroteros que quizá no imaginaba, pues si bien tenía habilidades para una cosa en la que prometía mucho, puede acabar en el lado contrario tanto para lo bueno como para lo malo. Por supuesto, tendrá la mente muy activa y los ojos bien abiertos, pues es diligente y activo, pero muchas cosas le caerán por sorpresa.

CABALLO EN LA ANCIANIDAD YIN

La alegre y pizpireta anciana, robusta y amable, o delgada y solícita, puede ser perfectamente una mujer Caballo, que en su vejez ha superado muchas de las angustias y tonterías habituales de la vida; y, muy posiblemente, tenga sus buenos ahorros y la vida prácticamente solucionada. La salud puede ser mejor en la ancianidad que en la madurez.

CABALLO EN LA ANCIANIDAD YANG

Casi con impunidad a pesar de los errores cometidos, el anciano Caballo puede tener una vejez plácida más allá del bien y del mal, con algunas habilidades de la juventud, pero con una sabiduría adquirida con el tiempo. Nada es lo mismo en la vejez, pero sí puede ser mejor y más estable para el anciano Caballo, sobre todo si no lo ha dilapidado todo en su madurez.

COMPATIBILIDADES DEL CABALLO

Cuando quiere conseguir o vender algo, el Caballo es muy convincente, simpático y compatible con prácticamente todo el mundo, pero en la intimidad, y si no hay negocio de por medio, casi todo el mundo le puede resultar insoportable, molesto o incompatible, incluso la familia o la pareja. La Cabra le va bien, la Rata también, y hasta el Tigre puede entrar en sus planes. El resto tiene que hacer muchos méritos para agradarle.

EN LA PERSONALIDAD

Otras personas del signo Caballo refuerzan su

personalidad; la Cabra puede abrirle nuevos horizontes; y la Rata moldear positivamente su comportamiento, mientras que el Tigre será una influencia a lo lejos. Con el Cerdo y el Perro, aunque haya admiración y respeto, la cercanía será conflictiva. Noble e independiente a la vez.

La nobleza independiente del Caballo.

En los negocios

Por bien que se lleve con la Cabra, y por buena suerte que le traiga, no debe hacer negocios ni emprender empresas con ella, pues la simpatía mutua no llena las arcas ni atiende las necesidades del negocio. Todas las sociedades pueden ser falibles en un momento dado, por lo que lo mejor es que emprenda sus negocios en solitario.

En las relaciones fraternales o familiares

El Caballo cumple con los mínimos familiares, pero no tiene demasiada paciencia para soportar el peso y mucho menos los conflictos que nacen del seno familiar, por lo que se lleva mejor con un padre ausente que con una madre presente. Con los hermanos le sucede algo similar, y no por falta de afecto sino por falta de entendimiento. El Tigre y la Cabra son más soportables que el Perro y la Rata en el terreno familiar.

En la maternidad o paternidad

La mujer Caballo suele ser una buena madre, aunque suele pasar de la obsesión por la salud de los hijos a casi olvidarse de ellos y no saber ni dónde se encuentran, pues en el fondo cree en la independencia propia y ajena. El hombre Caballo es muy juguetón con los pequeños, pero poco afectivo cuando se hacen grandes. Ambos, si no tienen hijos, adoptan a cualquiera que se encuentren en la calle.

En la dirección y el mando

Cuentan las leyendas chinas que si alguien sabe explotar a sus trabajadores (a los que exigen lo indecible) a través de ciertas dádivas, son precisamente las personas Caballo, a las que les gusta mandar y ganar mucho, lo mismo que pagar poco. Saben mandar, pero también saben obedecer y entender las jerarquías. La Rata es un buen jefe, y casi el resto, exceptuando a la Cabra, son buenos empleados para el atildado y exigente Caballo.

En el servicio y la hospitalidad

Las personas Caballo pueden ser muy hospitalarias con la Cabra y el Tigre, y a veces con el Cerdo, pero casi nada y solo por obligación familiar con la Rata y el Perro. No son especialmente serviciales con absolutamente nadie, incluso si su trabajo y profesión consiste en servir.

EN LA PAREJA

El hombre Caballo puede acoplarse perfectamente con la Rata, la Cabra y hasta con el Perro en el matrimonio, pero nunca con el Buey ni con el Conejo, y solo por error con el Cerdo. La mujer Caballo es muy exigente, y si bien algo puede hacer con el Dragón y el Tigre, atándolos bien atados, con el resto el conflicto está prácticamente asegurado.

EN LOS CAMBIOS Y LAS TRANSFORMACIONES

La vida de las personas Caballo puede ser un hilo de transformaciones y cambios constantes, sobre todo si se relacionan con el Cerdo y el Perro, o si tropiezan con el Mono y el Gallo; y, sin embargo, encontrar una especie de continuidad y seguridad al amparo de la Cabra y el Tigre. Podrán cambiar de casa, de país o de mundo, pero interiormente ma duran sin cambiar demasiado.

EN LOS ESTUDIOS Y LA ESPIRITUALIDAD

Con el tiempo y la madurez, el signo del Caballo puede realizar buenos e importantes estudios, tanto ellas como ellos, pues tienen el don de la medicina y la comunicación en sus manos, así como la belleza y los cosméticos, o la política y los viajes o el transporte, por lo que suelen elevar su espiritualidad paso a paso. El Tigre, el Buey y la Rata pueden ser sus maestros.

EN EL TRABAJO

A pesar de su sentido crítico, de sus reclamaciones y sus quejas, el Caballo es un signo práctico y pragmático que sabe cumplir perfectamente su rol de empleado y de compañero de trabajo, por lo que no es raro que de vez en cuando lo nombren el empleado del mes. Sabe llevarse bien con todos los signos sin necesidad de hipocresías, pues tiene un gran corazón para ayudar a sus amigos y compañeros del mundo laboral.

EN LA RAZÓN Y EN LA CIENCIA

Todo lo que esté relacionado con el transporte, la medicina y las letras es campo de expresión y hasta dominio de las personas Caballo, lo que les lleva a ser racionales de una forma casi natural, si bien es cierto que dedicarse a la ciencia de laboratorio les es más complicado. Otros Caballo, la Rata, el Tigre y hasta el Mono pueden acompañarle en la actividad de pensar y experimentar.

EN EL ARTE Y EL PLACER

El Caballo puede probar de todo y experimentar todo tipo de placeres, pecados y trasgresiones, si bien es cierto que raras veces cae en el fondo de la adicciones pues es obsesivo con su propia salud. La Rata y el Tigre le ayudarán a cuidarse. Puede tener habilidades en la escritura y en el dibujo, pero pocas en la danza y en la música; el Tigre, la Cabra y el inevitable Conejo pueden ayudarle en este terreno.

SALUD

El Caballo hombre tiene una salud casi de hierro a pesar de los contagios a los que se expone, y de las deficiencias de miembros y aparato respiratorio; mientras que la mujer Caballo es algo hipocondriaca y suele sufrir varios males y enfermedades, reales o ficticias, a lo largo de su vida. Ella dura algo más que él, como dice el refrán chino: "Mujer enferma, mujer eterna".

DINERO

Por mucho o poco que gane, el signo del Caballo está condenado a pensar, sentir, creer o experimentar de verdad que nunca le alcanza para nada, pues tiene mucha facilidad en gastar más de la cuenta; sin embargo, no es raro que se forme un patrimonio, tarde o temprano, invirtiendo en propiedades o construcciones. Nunca es tarde mientras se está vivo.

AMOR

El hombre Caballo se enamora y se desenamora en un segundo, y no es raro que vaya contracorriente en el terreno de los enamoramientos y la pasión, pero sabe apartar perfectamente lo que es el matrimonio de lo que son los amasiatos; la mujer Caballo no sabe apartar tanto ambas cuestiones, y si bien es práctica, es capaz de casarse con cualquiera, incluso si no hay pasión de verdad, siendo muy exigente con el objeto de su amor, pasión o lo que sea.

"Si naciste un año del Caballo y en el mes de junio, eres doblemente Caballo."

AÑOS DEL CABALLO
Y SU SIGNIFICADO GLOBAL

Cada año hay una influencia general y global, incluso generacional, que afecta tanto personal como comunitariamente:

Del 11-02-1918 al 31-01-1919:
Caballo de tierra
Año de conclusiones y término de conflictos, aunque las revoluciones políticas y sociales continúan en el mundo.

Del 30-01-1930 al 16-02-1931:
Caballo de metal

Año triste en la economía mundial, aunque con leves recuperaciones locales. Recuperación industrial.

Del 15-02-1942 al 04-02-1943:
Caballo de agua

Año de restricciones para moverse y para viajar por el mundo. Las tormentas de locura y de guerra continúan.

Del 03-02-1954 al 23-01-1955:
Caballo de madera

Año de las trampas y de los pretextos para no dar solución verdadera a los problemas más básicos de la humanidad. Pérdida de nacimientos.

Del 21-01-1966 al 08-02-1967:
Caballo de fuego

Año de compromisos y de incentivar la cultura y el conocimiento entre pueblos ante la sombra del racismo que no cesa.

Del 07-02-1978 al 27-01-1979:
Caballo de tierra

Año de esperanzas y de esperas, con crecimiento y desarrollo para varias regiones pobres del mundo.

Del 27-01-1990 al 14-02-1991:
Caballo de metal

Año para los proyectos de ingeniería, aunque con algunas crisis en los sectores metalúrgicos y tecnológicos.

Del 12-02-2002 al 31-01-2003:
Caballo de agua
Año de viajes por el mar, pero también de contaminación marina. Habrá descenso en la natalidad,

-Del 31-01-2014 al 18-02-2015:
Caballo de madera
Año con conflictos locales intensos. Continúa descendiendo la natalidad. Tormentas de dolor se avecinan.

V
La bohemia de la Cabra o la Oveja

Para los nacidos en los años:
1931, 1943, 1955, 1967, 1979, 1991, 2003, 2015, 2027, 2039

Mes de correspondencia: Julio
Elemento base: Fuego

Una vida llena de excesos
y placeres
no suele ser mala,
solo suele ser
corta.

No todos las Cabras son iguales, porque cada elemento, fase o movimiento afecta de manera distinta lo que será su nacimiento y su vida en este planeta; cada 60 años se repite el elemento que determina su carácter particular.

Hay una Cabra de tierra.
Hay un Cabra de metal.
Hay un Cabra de agua.
Hay un Cabra de madera.
Y hay un Cabra de fuego.

未羊

Cada uno de ellos tiene sus propias fechas de nacimiento:

-Del 01-02-1919 al 19-02-1920: Cabra de tierra.
-Del 17-02-1931 al 05-02-1932: Cabra de metal.
-Del 05-02-1943 al 24-01-1944: Cabra de agua.
-Del 24-01-1955 al 11-02-1956: Cabra de madera.
-Del 09-02-1967 al 29-01-1968: Cabra de fuego.
-Del 28-01-1979 al 15-02-1980: Cabra de tierra.

-Del 15-02-1991 al 03-02-1992: Cabra de metal.
-Del 01-02-2003 al 21-01-2004: Cabra de agua.
-Del 19-02-2015 al 07-02-2016 Cabra de madera.

Veamos qué significa cada uno de ellos:

Cabra de tierra

Es la más hábil y ágil, capaz de treparse a cualquier cosa y de comer lo que le pongan por delante. Se adapta fácilmente a cualquier situación y le saca partido a todo, incluso a lo que parece inservible. Es bohemia, como todas las Cabras, pero nunca se aparta de sus convicciones y se mantiene firme en sus posturas.

Cabra de metal

La Cabra de metal es un negociante nato, y vende y compra de todo, aunque a menudo también produce. En la juventud puede caer en el lado marginal de la justicia, incluso sin darse cuenta, tanto por el ambiente y el contexto o porque cree que las leyes están hechas para la gente poco o nada inteligente. Peca de soberbia.

Cabra de agua

Es la Cabra romántica y enamoradiza, capaz de cualquier locura por alcanzar el objeto de su amor o de su deseo. Tiene habilidades terrestres y marinas, y le encanta ser el centro de atención, por lo que no es nada raro que se dedique al teatro, al circo o a la farándula. A menudo peca de excederse en la bohemia.

Cabra de madera

Suele ser una Cabra algo complicada, pues a veces es demasiado fría, y otras veces está que quema, además de ser solitaria por naturaleza, orgullosa, algo necia y con una falta de moral o una moral muy discutible. Suele ser amable con casi todo el mundo, y hasta simpática, pero raras veces deja que alguien penetre en su coraza y la descubra realmente. Es bohemia y creativa, poética y descarnada, y casi siempre contradictoria e incongruente consigo misma.

CABRA DE FUEGO

Es la Cabra que lo incendia todo con su pensamiento o con su palabra, pues está en contra de todo y le desespera la mansedumbre ajena. Es tan bohemia como revolucionaria y no cree en nadie ni en nada. Le gusta derribar tópicos y mitos, y no es raro verla en un aula como maestra. Peca de ilusa y de utópica, pero nunca deja de intentar que los demás piensen como ella.

Tampoco es lo mismo ser varón (Yang) que hembra (Yin):

CABRA YANG

La Cabra macho es harto independiente, orgullosa, estudiosa e inteligente; fuerte y voluntariosa, y sin embargo, y como buena Cabra, bastante tierna por dentro, afable, sensible y poética, que desprecia los bienes materiales y las alabanzas, porque prefiere la tranquilidad de las montañas y que la dejen sola. No son pocos los intelectuales, investigadores, profesores y escritores que nacieron bajo el signo de la Cabra.

CABRA YIN

La Cabra hembra suele ser muy maternal con

todos y con todo, muy emocional y sensible, pero valiente y capaz de salir adelante en la vida y de superar cualquier tipo de problema. No suele ser comprendida por su entorno, pues además de todo lo anterior, puede ser harto bohemia y capaz de hacer lo que hace cualquier hombre. Espanta a los demás, pero ella sabe muy bien lo que hace y lo que quiere.

Ni se expresan igual en la infancia y en la senectud:

CABRA EN LA INFANCIA YIN

Las niñas del signo de la Cabra pasan de ser muy alegres y juguetonas a ser un verdadero enigma para quienes las rodean, pues aprenden a cocinar desde muy temprana edad, y les gusta hacerse cargo y responsables de cosas que otras niñas ni se plantean, como si fueran una pequeña madre, tan firme como cuidadora.

CABRA EN LA INFANCIA YANG

Los niños Cabra, por su parte, son inquietos y curiosos, hacen y deshacen, corren y trepan, investigan y escarban, se comen lo que no deben y desprecian el plato puesto en la mesa. Son muy sensibles pero poco obedientes, aunque saben ser disciplinados en el deporte y en los juegos que les interesan. No es nada raro que sufran uno que otro accidente. Tienen una fuerte relación con sus madres.

CABRA EN LA JUVENTUD YIN

Para la mujer Cabra la juventud es una extensión de la infancia, solo que más sensible y enamorada, que sueña con grandes amores y hermosos matrimonios, segura de que tarde o temprano va a encontrar a su alma gemela. Sigue siendo responsable y maternal, dando consejos a diestra y siniestra.

CABRA EN LA JUVENTUD YANG

El hombre Cabra tampoco cambia demasiado de la infancia a la juventud, y aunque deja de hacer unas travesuras, hace otras, o se siente atraído por cualquier deporte o actividad de riesgo, incluido el ejército o, en su defecto, por la vida del todo bohemia, tan insegura y riesgosa como tirarse de un acantilado. Su madre sigue siendo un anclaje de afecto.

CABRA EN LA MADUREZ YIN

Con la madurez, las mujeres Cabra entran en una etapa del todo maternal, y se vuelven unas fieras en la protección de sus hijos o de lo que creen que les pertenece física o emocionalmente. Adoptan incluso a la pareja, a los abuelos o a quien se deje atrapar y cuidar por ellas. Nada de eso les impide ser muy trabajadoras.

CABRA EN LA MADUREZ YANG

No todo lo contrario que la mujer Cabra, pero sí mucho más complejos o complicados, ya que si bien asumen la paternidad con gusto, no sobreprotegen a nadie, sino que buscan la protección constante de las figuras maternas. Si la madre les decepciona, van a buscar en la pareja a esa hija o madre que les falta, por lo que son capaces de vivir una soledad acompañada.

CABRA EN LA ANCIANIDAD YIN

La mujer Cabra se toma con buena filosofía la ancianidad, y hasta la disfruta, porque pasa de ser madre a ser abuela sin ningún problema, lo que la

rejuvenece y la revitaliza, y le evita el tedio y el aburrimiento, así como las depresiones, las adicciones
y los excesos de nostalgia.

Madre cabra.

CABRA EN LA ANCIANIDAD YANG

El hombre Cabra no se suele tomar muy bien la
vejez, tanto porque el cuerpo y la mente se dete-
rioran, como por la competencia que le va saliendo
al paso a cada momento y en todos los terrenos de
la vida, y por las pérdidas emocionales y sentimentales que va padeciendo. Puede cuidarse y salir de
este círculo vicioso a través de la alimentación, el
deporte, las artes y la poesía.

COMPATIBILIDADES DEL CABRA

Hay momentos en la vida de la Cabra en que es
compatible prácticamente con todo el mundo, como
etapas en las que es incompatible hasta con el aire
que le rodea. Puede amar, ayudar y proteger a los
demás, pero también puede envidiarlos abierta o se-

cretamente, lo que le amarga la existencia. Es buena compañera por regla general, y el Dragón y el Perro son sus signos más compatibles, aunque insista en juntarse con la Serpiente.

EN LA PERSONALIDAD

Cabra con Cabra puede mejorar el carácter y la personalidad, pero ofrece pocos avances, e incluso competencia, por lo que son mejores referentes para crecer personalmente los signos del Tigre y de la Rata. La Serpiente y el Caballo pueden atraerle, pero no le convienen para nada.

EN LOS NEGOCIOS

La Cabra puede ser una buena inversora y con capacidad de ahorro, pero no suele ser muy buena ni para los negocios ni para el gobierno. Con el Caballo y con la Serpiente puede tener cierta afinidad en este terreno, pero no será la más beneficiada económicamente. El Dragón es el más conveniente.

EN LAS RELACIONES FRATERNALES O FAMILIARES

Para bien o para mal, la madre suele ser importante en las relaciones familiares de la Cabra, a veces demasiado importante, incluso si se aleja de ella. Con el resto de la familia puede llevar una relación casi correcta, pero no demasiado intensa, porque a menudo no le cae bien a sus hermanos, que le consideran una persona fría, dura, necia o simplemente inconveniente por bohemia. Tampoco es raro que le dejen fuera de los beneficios de una herencia, o que le traicionen en su ausencia. Bien con el Caballo y el Tigre, y muy mal con el Conejo y el Perro.

EN LA MATERNIDAD O PATERNIDAD

A pesar de los lazos estrechos con la maternidad y con la paternidad que tiene la Cabra, no es raro que no tenga hijos propios, o que los que tenga se alejen y vivan su propia vida, lo que le dolerá más a la hembra Cabra que al macho, aunque a ambos les afecta negativamente. La Serpiente y el Mono, el Cerdo y el Perro, se encuentran a menudo en las líneas filiales y paternales de la Cabra.

EN LA DIRECCIÓN Y EL MANDO

Solo a escala intermedia, porque la Cabra sabe ser más o menos responsable, pero carece del carácter necesario para ejercer un verdadero mando; además, casi siempre teme que sus subalternos la superen y la aparten de su cómodo puesto, sobre todo si son Cabra o Gallo. La traición y la pereza, propias o ajenas, son una amenaza muy real en este terreno.

EN EL SERVICIO Y LA HOSPITALIDAD

Hasta dónde puede llegar la Cabra para atender y servir a los demás, no se sabe, porque puede ser capaz de desvivirse por los demás de la misma manera que es capaz de ser hostil, hosca, amenazante y tacaña con los demás cuando se siente amenazada dentro de su propia casa. El Gallo es bienvenido, la Rata soportable, y la Cabra y la Serpiente una incómoda presencia.

EN LA PAREJA

La Cabra aspira a tener un buen y sólido matrimonio a pesar de su tendencia a la vida de artista, insegura y bohemia, por eso lo intenta una o tres veces, con una que otra persona demasiado joven o demasiado vieja. La mujer Cabra suele conseguir una buena pareja Cerdo o Conejo; pero el hombre Cabra tiene tendencia a tropezar con la Serpiente o el Gallo, y dejar pasar la oportunidad con el Conejo.

EN LOS CAMBIOS Y LAS TRANSFORMACIONES

La vida es un cambio constante, pues todo muta y se transforma, algo que la Cabra, a pesar de su talante intelectual y artístico, no acaba de llevar con buen humor, pues prefiere su rutina, aunque sea una rutina alocada, pero rutina al fin y al cabo, donde el mundo se puede caer por completo, siempre que a la Cabra no le falte su gran o pequeño vicio, que bien puede ser un simple café.

La mística de la cabra.

EN LOS ESTUDIOS Y LA ESPIRITUALIDAD

La Cabra es capaz de leer miles de libros sin enterarse de lo que hay en ellos, y eso que su memoria es prodigiosa, pues a menudo confunde las emociones con la espiritualidad y los estudios con el prestigio social, que externa y socialmente algo tienen de relación, aunque en el fondo no se parezcan en nada. El Gallo, el Buey y la Rata, aunque contrarios a sus creencias, pueden despertarle y elevarle intelectual y espiritualmente, pues en la Cabra siempre subyacen lo místico y la magia.

EN EL TRABAJO

La Cabra cumple generalmente con su trabajo, y con eso le sobra y le basta, pero carece de verdadera ambición incluso cuando hace más de un trabajo o tiene más de un amo. Casi nunca sabe exigir lo que se merece, y aunque tenga buenos o malos compañeros, suele mantener las distancias pertinentes. Dragón, Rata y Cabra le son propicios, y Serpiente, Tigre y Gallo le son incompatibles, aunque le paguen.

EN LA RAZÓN Y EN LA CIENCIA

Hay personas y personajes de la Cabra dedicados a la ciencia, pero no al uso de la razón; o dedicados a la razón, pero no a la ciencia, porque a menudo tropiezan con las creencias religiosas propias o ajenas. Sí, hay personas de ciencia que creen en los dioses, algo irracional, como dijo en su día el Emperador Amarillo; y gente de razón que no cree en la ciencia, porque obvia y semánticamente todas las creencias son falsas por definición. El Tigre y la Rata le acompañan.

EN EL ARTE Y EL PLACER

La Cabra vive del arte y del placer buena parte de su vida, con intervalos serios y estables que pueden deprimirle enormemente, por lo que el Conejo puede acompañarle en las buenas y en las malas, mientras que otras Cabras y el Gallo pueden hundirle. A menudo es aguafiestas o le cuesta soltarse y disfrutar.

SALUD

Resistente, pero no muy buena en líneas generales, con tendencia a las adicciones y a los vicios, a las depresiones y a los cuadros de estrés y ansiedad, y eso que tiene un físico especialmente preparado para el ejercicio y los deportes, el cual, si no se usa ni se potencia, se echa a perder fácilmente.

DINERO

La Cabra puede vivir y aventurarse a lo que sea con los bolsillos vacíos, así como refugiarse y no atreverse a salir ni a la esquina, a pesar de tener los bolsillos llenos de billetes. El dinero no hace la felicidad, y en el caso de la Cabra puede ser del todo contraproducente, y hasta hacerle inseguro e infeliz.

AMOR

La Cabra puede ser una persona solitaria, pero siempre llena de amor, pues la sensibilidad le fluye por los poros, quiera o no quiera, y el afecto, aunque solo sean un par de palabras o un saludo, le quita todos los males y dolores y le eleva el ánimo. Ese tipo de amor no suele darse ni encontrarse con el sexo ni teniendo pareja estable. La Cabra puede darte de topes, pero también amarte limpia, sincera y profundamente, algo que los demás casi nunca entienden.

"Si naciste el año de la Cabra y en el mes de julio, eres doblemente Cabra."

Años de la Cabra
Y SU SIGNIFICADO GLOBAL

Cada año de la Cabra hay una influencia general y global, incluso generacional, que afecta tanto personal como comunitariamente:

Del 01-02-1919 al 19-02-1920:
Cabra de tierra
Año de paz, de amor y de bohemia, con celebraciones y recuperación de la esperanza sobre la faz de la Tierra.

Del 17-02-1931 al 05-02-1932:
Cabra de metal
Año de traspaso, pero también de nuevas ideologías que pueden dañar al mundo. Crece el racismo.

Del 05-02-1943 al 24-01-1944:
Cabra de agua
Año en el que mandan las emociones y sirven de pretexto para cometer actos atroces o para sumarse a las guerras.

Del 24-01-1955 al 11-02-1956:
Cabra de madera
Año de genialidades y de interesantes nacimientos. Buen momento para sembrar y proteger al planeta.

Del 09-02-1967 al 29-01-1968:
Cabra de fuego
Año de buenos intentos, pero de resultados pobres.

Hay algo de desencanto con los sistemas políticos y los gobiernos, con levantamientos en medio mundo y temor al futuro.

Del 28-01-1979 al 15-02-1980:
Cabra de tierra
Año de novedades tecnológicas que aún tardarán en llegar al público. Buen momento para graduarse y recoger la cosecha.

Del 15-02-1991 al 03-02-1992:
Cabra de metal
Año de nuevos convenios y contratos comerciales a nivel global, que aún tardarán un tiempo en hacerse realidad. El crimen crece por momentos.

Del 01-02-2003 al 21-01-2004:
Cabra de agua
Año de interés global en los tiempos que se avecinan, aunque sin saber muy bien cómo contentar a las poblaciones más deprimidas.

Del 19-02-2015 al 07-02-2016:
Cabra de madera
Año de asentamiento para los migrantes y para los que buscan una nueva vida lejos del lugar habitual o de nacimiento.

VI
LAS HABILIDADES DEL MONO

PARA QUIENES HAYAN NACIDO EN LOS AÑOS:
1932, 1944, 1956, 1968, 1980, 1992, 2004, 2016, 2028, 2040

MES DE CORRESPONDENCIA: AGOSTO
ELEMENTO BASE: TIERRA

Nada hay original
en este mundo,
todos somos copias
del pasado
desde hace miles de años.

No todos los nacidos bajo el signo del Mono son iguales, porque cada elemento, fase o movimiento afecta de manera distinta lo que será su nacimiento y su vida en esta Tierra; son necesarios 60 años lunares para que un elemento se repita.

HAY UN MONO DE TIERRA.
HAY UN MONO DE METAL.
HAY UN MONO DE AGUA.
HAY UN MONO DE MADERA.
Y HAY UN MONO DE FUEGO.

申猴

Cada uno de ellos tiene sus propias fechas de na-cimiento:

-Del 02-02-1908 al 21-01-1909: Mono de tierra.
-Del 20-02-1920 al 07-02-1921: Mono de metal.
-Del 06-02-1932 al 25-01-1933: Mono de agua.
-Del 25-01-1944 al 12-02-1945: Mono de madera.
-Del 12-02-1956 al 30-01-1957: Mono de fuego.
-Del 30-01-1968 al 16-02-1969: Mono de tierra.

-Del 16-02-1980 al 04-02-1981: Mono de metal.
-Del 04-02-1992 al 22-01-1993: Mono de agua.
-Del 22-01-2004 al 08-02-2005: Mono de madera.
-Del 08-02-2016 al 27-01-2017: Mono de fuego.

Veamos qué significa cada uno de ellos:

MONO DE TIERRA

Los Monos de tierra son grandes artesanos y alfareros, entre muchas otras habilidades; además, cuenta la leyenda que durante un tiempo fueron más que humanos, hasta que desafiaron a los dioses en el mito del Rey Mono y fueron castigados, volviéndolos animales, y por eso imitan al ser humano.

MONO DE METAL

El Mono de metal tiene una mente privilegiada, es filósofo de nacimiento y, si estudia, sabio con el tiempo; si bien es cierto que en su juventud a menudo es dado a toda clase de excesos. No le gusta el poder para sí, pero es un buen consejero de los poderosos, pues es astuto y cauteloso, y amorosamente diplomático.

MONO DE AGUA

La generación del Mono de agua suele ser revolucionaria en muchos sentidos, y de la misma manera que abraza a las ciencias, también suele abrazar las utopías y las ideologías de cambio y mejora para la humanidad, aunque después no funcionen en absoluto. Su sensibilidad, más que emocional, es humanitaria.

MONO DE MADERA

Los Monos de madera son en exceso sensibles, y

a menudo más ingenuos que ignorantes, vanidosos y egocéntricos, amantes de la tecnología y de las modas. Con frecuencia se quejan de todo aunque no sepan de qué se están quejando. Tienen y hacen muchas gracias, pero a la vez pueden ser muy tímidos y escurridizos.

MONO DE FUEGO

Los Monos de fuego son hábiles orfebres metalúrgicos, mecánicos, técnicos y hasta constructores, con una apreciable visión de futuro. También son diestros con las armas modernas y con las tradicionales, pueden ser muy belicosos si se les molesta, y no desprecian ni el gobierno ni la guerra. Pueden crear artilugios fantásticos, pero también pueden destruirlo todo.

El Rey Mono
desafiando a los dioses.

Tampoco es lo mismo ser varón (Yang) que hembra (Yin):

MONO YANG

El Mono varón es un compendio de suertes y monerías, a veces más afortunado que el mismo Dragón, pero no demasiado seguro de sí mismo. Por supuesto, se siente más humano que todos los humanos, más ecologista que todos los ecologistas y más empático que todos los empáticos. La música no le es ajena, ni la pintura tampoco, pero no suele explotar estos dones.

MONO YIN

La mujer Mono no llega a tanto, porque se pasa la vida malhumorada, aunque muy pagada de sí misma, ve en todos y en todo hasta el más mínimo defecto. A pesar de eso, suele ser una muy buena y leal amiga, lo mismo que una terrible enemiga. Huye de los compromisos, pero si no le queda más remedio los afronta. Como el Mono hombre, a menudo desaprovecha sus dones, que no son pocos.

Ni se expresan igual en la infancia y en la senectud:

MONO EN LA INFANCIA YIN

Las niñas del signo del Mono son una guerreras natas, apasionadas desde la cuna y en muchos aspectos adelantadas, con don de mando y ganas de dirigir los juegos y hasta las labores de la casa, aunque ellas mismas no sean muy limpias ni prudentes que digamos.

MONO EN LA INFANCIA YANG

El niño Mono no se anda por las ramas, aunque le encanta trepar en los árboles, y de vez en cuando se le escapan las más incómodas verdades delante de los mayores, lo que no hace por molestar, sino porque le urge ser mayor para poder expresar sus opiniones, sean o no sensatas. A veces es un trozo de pan con un gran corazón con las mascotas, y a veces es un pequeño demonio con ellas.

MONO EN LA JUVENTUD YIN

En la juventud, la mujer Mono puede arrasar con todo lo que se encuentre a su paso, tanto porque su cuerpo crece antes de tiempo como porque le saldrán admiradores por todas partes. No es nada raro que se case muy temprano y que sea una madre muy joven. Su vitalidad y carácter dejan de lado el mal humor que la acompaña, y a esa edad se le perdona casi todo.

MONO EN LA JUVENTUD YANG

Por su parte, el joven Mono puede mostrarse a menudo algo retraído, con mucha apariencia pero poca decisión, como si estuviera siempre a la espera de algo mejor. No es nada raro que se sienta atraído por la naturaleza y que dedique su tiempo a las flores y a las mariposas, en lugar de lanzarse de cabeza a las aventuras propias de la juventud.

MONO EN LA MADUREZ YIN

La mujer Mono entra en la madurez algo desgastada, pero firme en sus aspiraciones personales, las cuales a menudo no forman parte del repertorio familiar, ya que pasa del mal humor a la pereza, y de la pereza a una actividad desmesurada, como si siempre estuviera buscando el conflicto. Tener con quien pelear, ese es su lema, aunque en el fondo tenga un corazón de oro.

MONO EN LA MADUREZ YANG

Muchas de las habilidades que parecían escondidas salen a flote, aunque también los defectos, porque de pronto el Mono maduro toma la batuta y se empeña en ser el director de la orquesta, algo que suele conseguir. El valor que se le suponía toma nuevos derroteros, y los riesgos que no tomaba se vuelven habituales. Puede tener un inesperado golpe de gran y abundante suerte.

MONO EN LA ANCIANIDAD YIN

La vejez de la mujer Mono suele ser bastante apacible, como si de pronto hubiera comprendido el sentido de la vida y apueste ahora a la paz y a la armonía, dejando de ser tan exigente y conflictiva, con lo que ganará afectos y recuperará la salud. Nuevos compromisos y responsabilidades le esperan en todos los planos. A veces la vida es como es, y no como uno la espera.

MONO EN LA ANCIANIDAD YANG

El Mono anciano puede llegar a ser un abuelo entrañable, lleno de aventuras y leyendas que contar a sus nietos o a la gente más joven, pues a pesar de sus achaques y edad, algo le quedará de energía, habilidad y agilidad para entretener a sus descendientes. La soledad no es lo suyo, y por eso será todo lo amable y generoso que no fue años atrás, e incluso puede casarse a una edad muy avanzada.

COMPATIBILIDADES DEL MONO

Como le encanta ser el centro de atención, el Mono parecerá compatible con casi todo su auditorio, alumnos o seguidores, aunque personalmente sea de lo más selectivo a la hora de tener compañía. El

Dragón, la Rata y el Gallo serán los más cercanos, y el Tigre y el Buey los más alejados. La Serpiente y el Caballo le atraen y le repulsan por igual.

EN LA PERSONALIDAD

Su personalidad siempre intenta impresionar o deslumbrar a los demás, aunque por dentro se esté muriendo de nervios, inseguridad y miedo, por lo que el Gallo y el Perro serán un punto de apoyo necesario para superarse a sí mismo. La Cabra puede abrirle algunos caminos, pero no estará ahí siempre para ayudarlo.

EN LOS NEGOCIOS

El Mono, más que hábil, suele tener suerte en los negocios rodeándose de la gente que le interesa y puede proyectarlo hacia el triunfo, como la Rata y el Dragón, dejando de lado a los que no le rinden beneficios, como la Cabra y el Gallo. Nada le detiene cuando la ambición es clara. El problema es que, más a menudo de lo deseado, engaña o no cumple con lo pactado.

EN LAS RELACIONES FRATERNALES O FAMILIARES

El Mono siempre será un buen hermano mayor, protector y hasta capaz de dar sabios consejos; un hermano menor solícito y trabajador; y un hijo que siempre demanda la ayuda o el apoyo de sus padres y parientes. Lo curioso es que, tras una etapa familiar, puede perfectamente alejarse de todos para estar a gusto o para cumplir sus particulares metas. El Tigre, la Cabra, el Caballo y el Perro suelen estar en su órbita familiar.

En la maternidad o paternidad

El signo del Mono suele ser un amoroso y tierno padre, una madre muy dedicada, aunque dura de pelar, pero a la vez muy exigente, tanto, que es capaz de renunciar a la paternidad o a la maternidad si sus vástagos no cumplen con lo que esperaba de ellos, lo que le puede traer diversos conflictos innecesarios a lo largo de la vida.

Bien con la Cabra, el Gallo y el Caballo, a pesar de los enfrentamientos.

En la dirección y el mando

Aunque a veces no es todo lo responsable que se deseaba, el Mono tiene el don de ser capaz de ser el dirigente, capataz o gerente de cualquier empresa, país o corporación, porque a pesar de sus defectos y sus virtudes siempre le saldrán seguidores y admiradores. Puede hacerlo, pero muchas veces declina esta opción, que le resulta demasiado exigente. La Rata puede proyectarlo, y el Buey rescatarlo.

En el servicio y la hospitalidad

El Mono prefiere ser servido que servir, y que lo acojan a ser hospitalario, pues tiene al pequeño demonio del egoísmo metido en el alma, pero, si de lucir, quedar bien o ganar galones o negocios se trata, puede ser un estupendo y espléndido anfitrión, y quedar como el más noble y generoso de la Tierra, además de amenizar sus reuniones con música y placeres. El Gallo y la Cabra le acompañan, y el Dragón se suma a lo que al Mono se le ocurra.

En la pareja

El signo del Mono es muy atractivo en muchos sentidos para los demás signos, pero hay que tener mucha paciencia, amor o valor para aguantar sus cambios de humor, sus exigencias y sus pequeñas y grandes locuras, por lo que es posible que tenga varios matrimonios a lo largo de su vida sin encontrar la paz deseada. En la madurez, o casi ancianidad, vendrá la calma. Mono, Tigre y Cerdo le esperan.

EN LOS CAMBIOS Y LAS TRANSFORMACIONES

Si son para colmar ambiciones, ascender de plano o lograr premios, triunfos y reconocimientos, perfecto, el Mono estará dispuesto a todo tipo de cambios y transformaciones; pero si son solo para salir del paso, obligados o inesperados, serán para el Mono una carga desagradable y hasta violenta. El Cerdo anuncia los positivos, y el Buey y la Cabra los negativos.

EN LOS ESTUDIOS Y LA ESPIRITUALIDAD

La realidad es que el Mono puede aspirar a los más elevados estudios y a una espiritualidad sabia, pues tiene los dones y las habilidades necesarias para conseguirlo; el problema es que demasiado a menudo prefiere la comodidad y la pereza a los grandes retos. Aun así, es posible que alcance altas cotas de conocimiento. La Rata, el Tigre y la Cabra le servirán de ejemplo y aliento.

EN EL TRABAJO

El Mono puede ser un trabajador incansable y hábil para todo, a veces demasiado activo, con dos o tres empleos a la vez, siempre y cuando no le falle la diplomacia o no le caigan las responsabilidades vía familiar o por sorpresa, alejándolo de su zona de confort, porque entonces se mostrará crítico, rebelde, perezoso e insatisfecho, e incluso lleno de miedo ante las nuevas obligaciones. El Caballo y el Perro le ayudarán.

Las sorprendentes habilidades del mono.

EN LA RAZÓN Y EN LA CIENCIA

El Mono puede ser un gran científico, pues tiene madera de académico y también tiene habilidad para investigar y crear, pero no suele ser muy razonable, y si bien la curiosidad puede llevarlo por buen camino, también puede engañarlo y hacerle creer que ha hecho un gran descubrimiento, cuando la realidad es que no ha descubierto nada. La Rata y el Buey, más que el Tigre, pueden llevarlo por sendero seguro en el campo del conocimiento.

EN EL ARTE Y EL PLACER

Durante muchos años y desde la más tierna juventud, al Mono no le hará falta compañía para darse todos los placeres posibles e incursionar en el mundo del arte, la literatura, el deporte, el teatro o la música, con mayor o menor éxito; y beberá y comerá todo lo que pueda y más, con amantes y amigos por todos lados. La Cabra y el Gallo, junto con el Dragón, serán estupendos compañeros; sin embargo, el Conejo, el rey de esta área, no le será propicio.

SALUD

De todo un poco, con una espalda, un aparato biliar y un corazón algo defectuosos, pero una resistencia bastante buena ante virus, bacterias, intoxicaciones y contagios. A pesar de ello será muy aprensivo, pues los achaques y los nervios, así como los excesos, le traerán problemas de salud desde la juventud. Si se cuida adecuadamente puede ser un poco más longevo de lo habitual.

DINERO

A golpe de suerte, aunque también de trabajo, el Mono puede llegar, tarde o temprano, a la riqueza, o por lo menos a la estabilidad financiera, si bien es cierto que durante varios momentos de su vida lo hará apenas con los recursos indispensables, propios o ajenos. Las herencias están de su parte, y tiene toda la habilidad del mundo para conseguir dinero.

AMOR

El Mono puede ser muy apasionado, romántico y enamorado, a la vez que muy posesivo, inseguro y celoso. El hombre Mono es más ingenuo que la mujer Mono, por lo que sufrirá más sus desatinos amorosos, y se regocijará con sus aciertos; mientras que la Mujer Mono será apasionada y enamoradiza, sí, pero mucho más cerebral y práctica, por lo que sufre menos emocionalmente y es capaz de tomar las más duras y crueles decisiones. Al final, la paz y la estabilidad amorosa tocarán a su puerta.

"Si naciste el año del Mono y en el mes de agosto, eres doblemente Mono."

AÑOS DEL MONO
Y SU SIGNIFICADO GLOBAL

Cada año hay una influencia general y global con el signo del Mono, incluso generacional, que afecta tanto personal como comunitariamente:

Del 02-02-1908 al 21-01-1909:
Mono de tierra
Año de ideologías humanistas y buenas intenciones a la espera de cambios y revoluciones.

Del 20-02-1920 al 07-02-1921:
Mono de metal
Año de inicios, enamoramientos, diversiones e incluso excesos. Avances sin temor a los retrocesos.

Del 06-02-1932 al 25-01-1933:
Mono de agua
Año de consolidación y de preparación, aunque quedan sectores laborales en estado crítico y desfavorecidos.

Del 25-01-1944 al 12-02-1945:
Mono de madera
Año de pactos y de cambios estratégicos en el poder mundial. Las cuentas no terminan de estar claras. El terror se avecina.

Del 12-02-1956 al 30-01-1957:
Mono de fuego
Año de relajamiento global y de permisividad, con algunas soluciones para la salud de la infancia.

Del 30-01-1968 al 16-02-1969:
Mono de tierra
Año de los hermanos mayores que se rebelan contra las injusticias y las múltiples desigualdades que azotan el mundo. Rebeliones humanitarias.

Del 16-02-1980 al 04-02-1981:
Mono de metal
Año de crecimiento a nivel intelectual, filosófico e industrial. Se recuperan algunas instituciones y celebraciones.

Del 04-02-1992 al 22-01-1993:
Mono de agua
Año romántico y sentimental. Fin de una época de creatividad artística para dar lugar a nuevos exponentes. Cambio generacional.

Del 22-01-2004 al 08-02-2005:
Mono de madera
Año de persuasión y hedonismo en los sectores tecnológicos y futuristas. La ficción toma la palabra ante el realismo.

Del 08-02-2016 al 27-01-2017:
Mono de fuego
Año de papeleo y de ajustes en las leyes y la justicia. El crimen se aposenta como una institución más de la humanidad.

VII
La vanidad del Gallo

PARA LAS PERSONAS NACIDAS EN LOS AÑOS:
1921, 1933, 1945, 1957, 1969,
1981, 1993, 2005, 2017, 2029, 2041

MES DE CORRESPONDENCIA: SEPTIEMBRE
ELEMENTO BASE: METAL

> *Si quieres saber*
> *quién eres de verdad,*
> *no le creas a la ilusión*
> *del espejo.*

No todos los Gallos son iguales, porque cada elemento, fase o movimiento afecta de manera distinta lo que será su nacimiento y su vida en esta Tierra; solo cada 60 años el elemento de nacimiento se repite.

HAY UN GALLO DE TIERRA.
HAY UN GALLO DE METAL.
HAY UN GALLO DE AGUA.
HAY UN GALLO DE MADERA.
HAY UN GALLO DE FUEGO.

Cada uno de ellos tiene sus propias fechas de nacimiento:
-Del 08-02-1921 al 27-01-1922: Gallo de metal.
-Del 26-01-1933 al 13-02-1934: Gallo de agua.
-Del 13-02-1945 al 01-02-1946: Gallo de madera.
-Del 31-01-1957 al 17-02-1958: Gallo de fuego.
-Del 17-02-1969 al 05-02-1970: Gallo de tierra.
-Del 05-02-1981 al 24-01-1982: Gallo de metal.
-Del 23-01-1993 al 09-02-1994: Gallo de agua.
-Del 09-02-2005 al 28-01-2006: Gallo de madera.
-Del 28-01-2017 al 15-02-2018: Gallo de fuego.

Veamos qué significa cada uno de ellos:

GALLO DE TIERRA

El Gallo de tierra es bastante campestre y hortelano, ama las flores y a la naturaleza, y suele tener a sus mascotas como verdaderos miembros de la familia. Es muy fértil y poco afectado para ser Gallo, pero siente un profundo orgullo por sus pequeños o grandes logros en la vida, y no duda en presumirlos.

GALLO DE METAL

El metal es el elemento base del Gallo, por eso es el que más brilla en su profesión, sobre todo en la ingeniería. Es algo obsesivo con su trabajo y con su cuerpo, y a veces pasa horas y días enteros dedicándose a ellos sin prestarle atención a nada más. Por supuesto, se siente muy orgulloso de sus éxitos.

GALLO DE AGUA

El Gallo es un signo muy diverso en sus cualidades y atributos, y el de agua puede ser del todo sensible, poético y artista, algo alocado, poco habituado al trabajo y hasta con cierto desprecio a los bienes materiales, los premios, el reconocimiento social o público y todo lo que suene a éxito. Está orgulloso de no seguir al resto.

Gallo de madera

Suele ser un Gallo muy crítico con lo que le rodea, de todo se queja y a todo le encuentra defectos, a veces con razón y otras veces nada más para meter el dedo en la llaga ajena. Le encanta estudiar, aprender, dibujar, escribir, y sobre todo hablar de sí mismo, porque es un Gallo egocéntrico. No es raro que emigre a otro país solo porque está descontento con su lugar de nacimiento.

Gallo de fuego

Menos apasionado de lo que parece, aunque irradie atractivo, entre muchas otras cosas porque le cuesta encontrar personas del sexo contrario que en realidad le gusten y le atraigan sexualmente. Puede ser un gran amigo, amar y querer mucho a las personas, pero la intimidad no le seduce demasiado, y eso le granjea más de una enemiga y enemigo.

Tampoco es lo mismo ser varón (Yang) que hembra (Yin):

Gallo Yang

El hombre Gallo es mucho más vanidoso y presuntuoso que la mujer Gallo, e incluso que el egoísta Mono, porque su vanidad va más allá de lo físico o del reconocimiento ajeno. Se cree más listo, inteligente o racional que los demás, y a veces lo es, pero otras abusa de su posición y ofende a los que le rodean sin necesidad. Ni la humildad ni la paciencia son su fuerte.

GALLO YIN

La mujer Gallo tiene mucho más tacto, pero a veces también peca de complejo de superioridad. Suele tener amores platónicos o sueños imposibles de cumplir, pero eso no le impide ser realista y apostar a lo seguro. Como al hombre Gallo, le gusta más cobrar que pagar, pero, a diferencia de él, sabe tener paciencia y ser mesurada con sus palabras.

Ni se expresan igual en la infancia y en la senectud:

GALLO EN LA INFANCIA YIN

La niña Gallo suele ser un encanto por los cuatro costados, de voz tersa y agradable, cariñosa y responsable, siempre dispuesta a ayudar a los demás, y en ocasiones hipersensible y dramática, algo histriónica y buena deportista. Sabe ser amable y simpática cuando conviene, y granjearse el cariño de los demás.

GALLO EN LA INFANCIA YANG

Son varias las etapas que pasa el niño Gallo, desde la pereza y el aburrimiento total, a menudo con sobrepeso, hasta la trasgresión y las travesuras exageradas, por lo que se le debería cuidar más y tener a buen recaudo. Por otra parte, desde muy niño puede saber cuál es su vocación en esta vida. El ambiente le pesa.

GALLO EN LA JUVENTUD YIN

La joven Gallo despunta pronto del resto de sus compañeras, a veces sin quererlo ni desearlo, pues tiene algo que llama la atención a los demás, ya sea belleza, voz, inteligencia o saber hacer y estar, siempre dispuesta a defender lo que cree justo y a sus compañeras más débiles. Suele ser la típica hermana menor casadera.

GALLO EN LA JUVENTUD YANG

El joven Gallo suele ser algo excéntrico, ya sea por exceso o por defecto: demasiado elegante para su entorno o demasiado desaliñado, con aspecto de monje o de poeta, así como de millonario. Le encanta gustar a los demás, pero también le gusta burlarse y molestar a los otros. Inteligente, criticón y sarcástico.

GALLO EN LA MADUREZ YIN

La madurez de la mujer Gallo suele ser muy apacible si tiene hijos y familia, o muy movida en lo profesional si no los tiene. Sigue siendo romántica y soñadora, aferrada a amores y sueños imposibles, pero muy contenta de tener lo que tiene y que puede presumir, que no compartir, con los demás. Es una estupenda anfitriona y le encanta servir a los demás. No le importa tener hijos a edades avanzadas.

GALLO EN LA MADUREZ YANG

No es tan dulce ni empalagoso como la mujer Gallo, aunque a veces se le escapan la generosidad y el buen hacer, para volver casi de inmediato a su postura tacaña y de superioridad ante los demás, sea en el terreno que sea. Curiosamente, no le gusta nada presumir de lo que tiene, pero sí de lo que sabe y entiende.

GALLO EN LA ANCIANIDAD YIN

Cuando envejece, la mujer Gallo se vuelve un

poco más discreta, y hasta niega u olvida sus amores y sueños del pasado, sobre todo si no se le han cumplido. Adora ser madre o abuela, y permanecer en su entorno dedicándose a mil y una cosas, porque nunca le ha gustado perder el tiempo, y la tranquilidad le aburre.

GALLO EN LA ANCIANIDAD YANG

No es que coma años y que parezca más joven de lo que es, sino que le encanta estar en forma a pesar del paso del tiempo y de los achaques. Lo presumido y coqueto raras veces se le quita, aunque sigue poniendo barreras a lo que no le gusta. Suele ser el típico abuelo guapo que impone con su sola presencia. Eso sí, en la ancianidad tal vez pague algunas viejas deudas.

COMPATIBILIDADES DEL GALLO

El Gallo tiene una forma de ser amable y de natural simpatía, o del todo grosera, hostil y déspota, sin intermedio, lo que a menudo le granjea grandes amistades o malas enemistades. Hay quien le adora y quien no quiere verle ni hablarle, algo que, por otra parte, al Gallo no le importa ni le conmueve. Es compatible casi en todo con la Cabra, el Caballo y la Serpiente; algo con el Buey, el Tigre y el Cerdo, y solo muy de vez en cuando con el Mono y otros Gallo.

EN LA PERSONALIDAD

Otros Gallo, como si fueran un espejo de lo negativo, pueden enseñarle perfectamente lo que no debe hacer. El Caballo puede fortalecer su personalidad en muchos sentidos, lo mismo que el Tigre; pero no el Perro, aunque tenga una buena afinidad con este signo. El Gallo puede mejorar, pero casi nunca quiere hacerlo porque ya se siente en lo mejor y en lo correcto. Esa es su vanidad.

EN LOS NEGOCIOS

No cabe duda de que el Gallo es un buen comerciante, pero no suele interesarse por las grandes empresas y las excesivas responsabilidades. Compra y vende, vende y compra casi todo lo que sabe y lo que tiene, pues tampoco le gusta atesorar nada. Le gusta cobrar, no le gusta pagar, y no es raro que pase por algunos asuntos marginales o poco legales para conseguir lo que desea. La Serpiente y la Rata suelen ser sus mejores proveedores y clientes.

EN LAS RELACIONES FRATERNALES O FAMILIARES

El hombre Gallo es muy independiente y no toma muy en cuenta o muy en serio las relaciones familiares, desprecia las herencias porque las considera un acto carroñero, y es muy crítico con los suyos; mientras que la mujer Gallo sí es muy familiar, incluso cuando la familia no es lo que se esperaba. Ambos son buenos hermanos, pero nada dependientes. El Tigre, la Cabra y el Perro están en su familia.

EN LA MATERNIDAD O PATERNIDAD

El hombre Gallo es muy paternal, pero pretende enseñar a sus hijos a ser libres e independientes, y solo les exige que se preparen para la vida adulta; la mujer Gallo suele ser una madre del todo entregada a sus hijos, y busca mantenerlos bajo su ala todo el tiempo posible. A ambos les encanta ser padres. El Mono, la Cabra y el Cerdo suelen ser sus descendientes.

La mujer Gallo, una madre estupenda.

EN LA DIRECCIÓN Y EL MANDO

Ni la mujer ni el hombre Gallo nacieron para mandar, y a veces ni siquiera para dirigir, pues piensan que todo el mundo y cada quien sabe lo que hace y lo que tiene que hacer sin necesidad de que alguien los mande. El hombre Gallo, de hecho, es uno de los peores jefes que se pueden tener, pues se vuelve un tirano duro, grosero, déspota e intransigente.

EN EL SERVICIO Y LA HOSPITALIDAD

El Gallo es famoso por ser servicial y hospitalario si de pasarlo bien se trata, y le encanta que los demás sean igual de serviciales y hospitalarios que él, lo que pocas veces sucede y le trae varias frustraciones. En este terreno encontrará lo que le gusta con el Tigre, el Dragón y el Caballo, pero rara vez con el Perro o el Conejo.

EN LA PAREJA

La mujer Gallo es muy enamoradiza y romántica, pero como pareja suele escoger al Buey o al Perro porque le dan seguridad y estabilidad en el hogar y la familia, dejando pasar a la Cabra y al Gallo de largo; mientras que el hombre Gallo cae en las manos del Conejo, la Serpiente y el Mono, que no le convienen pero que le resultan muy atractivas. No hay mujer ideal para el hombre Gallo, pero una mujer Gallo puede llegar a ser su todo.

El gallo y su pareja.

EN LOS CAMBIOS Y LAS TRANSFORMACIONES

La mujer Gallo prefiere soñar las aventuras, pero no vivirlas, así que hará todo lo posible por mantenerse estable y segura, sin demasiados cambios en su vida, solo unos cuanto puntuales para volver a la seguridad de inmediato; mientras que el hombre Gallo vive en un perpetuo cambiar y transformarse, terreno en el que es compatible con todos y cada uno de los signos hasta el cambio siguiente.

EN LOS ESTUDIOS Y LA ESPIRITUALIDAD

Para la cultura china, y para el Gallo, estudiar es crecer intelectual y espiritualmente, y no deja de hacerlo prácticamente nunca, lo mismo que para la mujer Gallo, aunque ella no tenga demasiadas pretensiones en este campo y sí el gusto de aprender. No son pocas las personas Gallo que se dedican al aprendizaje y a la enseñanza buena parte de su vida.

EN EL TRABAJO

Al hombre Gallo no le gusta trabajar, pero sí cobrar, y es capaz de enfrascarse en mil actividades, empleos y oficios para ganar dinero sin tener que trabajar de verdad, pero es capaz de hacerlo si no hay más remedio. La mujer Gallo sí sabe trabajar y obedecer, cumplir y levantarse todas las mañanas, como casi todo el mundo, para tener un salario y una jubilación. No hay área laboral que se les niegue, pues ambos son muy disciplinados, responsables y capaces de aprender y desarrollar cualquier oficio o profesión, social, económico, político o científico.

EN LA RAZÓN Y EN LA CIENCIA

El hombre Gallo puede llegar a obsesionarse de verdad y hasta el fondo con la razón y la ciencia, e incluso a criticar a la ciencia cuando la observa poco o nada razonable; la mujer Gallo es menos obsesiva en este campo, y le da a la ciencia y a la razón el tiempo que se merecen y el beneficio de la duda. Ninguno de los dos son especialmente religiosos ni creyentes. El Tigre será un buen maestro.

EN EL ARTE Y EL PLACER

Tanto la mujer como el hombre Gallo pueden tener sus momentos de locura y excesos, de creatividad y de acción artística, pero son más bien pacatos y más tendientes a la contención y a cuidar su mente y su cuerpo. Los placeres para el Gallo son más modestos, como una taza de té o un pastel, o un solo trago de vino del bueno, tanto en la mesa como en el sexo. Ambos pueden ser buenos poetas. La influencia del Conejo será positiva, pero con moderación y desde lejos.

SALUD

Dentro de lo que cabe, y a pesar de sus achaques y deficiencias estomacales, pancreáticas e intestinales, pueden llevar una vejez digna, sobre todo si cuidan lo que comen y se ejercitan todos los días de cuerpo, mente y alma. La mujer Gallo suele ser, curiosamente, menos sólida y duradera que el hombre Gallo.

DINERO

El bienestar es importante tanto para el hombre como para la mujer Gallo, pero él es menos amante del dinero o de las posesiones materiales, pues le parece absurdo poseer una casa que va a vivir más que él, y piensa que otros bienes materiales atan y no dejan volar en libertad: si no es necesario, no se compra. Mientras que la mujer Gallo sí es una gran acumuladora de lo que sea. Suerte mediana a lo largo de la vida.

AMOR

La mujer Gallo, como ya hemos dicho anteriormente, es una eterna enamorada, romántica y soñadora, aunque con los pies en tierra si se trata de matrimonio, entre otras cosas, porque su amor platónico raras veces es correspondido. El hombre

Gallo podría ser mujeriego, pues tiene un gancho natural y a veces se enamora profundamente y de verdad, pero también puede ser frío, hostil, descuidado y muy aséptico en este tema, y no aceptar a cualquiera a pesar de las facilidades. Ambos son amorosos, cariñosos, controladores y muy familiares.

"Si naciste el año del Gallo y en el mes de septiembre, eres doblemente Gallo."

AÑOS DEL GALLO
Y SU SIGNIFICADO GLOBAL

Cada año del Gallo hay una influencia general y global, incluso generacional, que afecta tanto personal como comunitariamente:

Del 08-02-1921 al 27-01-1922:
Gallo de metal
Año de incrementos en el arte, la música, el baile, el cine, el teatro y todo lo que anima y da gozo a la humanidad.

Del 26-01-1933 al 13-02-1934:
Gallo de agua
Año de desencantos y nuevos peligros. Emergen las sombras tras años de calma y diversión. Tormentas de peligro.

Del 13-02-1945 al 01-02-1946:
Gallo de madera
Año de culminaciones, algunas buenas y positivas, y otras francamente terribles. La maldad del poder vence a los más débiles.

Del 31-01-1957 al 17-02-1958:
Gallo de fuego

Año de complacencia que no complace a todos. Cambio en los mapas y en las fronteras. Usurpación y ofensa.

Del 17-02-1969 al 05-02-1970:
Gallo de tierra

Año de inquietud a pesar de la calma. Los temores del pasado, aunque ya irreales, se hacen presentes. Refugio en el espacio sideral y en las conquistas del cielo.

Del 05-02-1981 al 24-01-1982:
Gallo de metal

Año de depresiones y de enfermedades mentales. Incubación del mal y pactos secretos. Descalabros a nivel social.

Del 23-01-1993 al 09-02-1994:
Gallo de agua

Año de ganancias en los sistemas económicos globales, aunque aún muy desiguales en muchos sectores. Recuperación.

Del 09-02-2005 al 28-01-2006:
Gallo de madera

Año de cuidado de la salud y de la apariencia. Relajación de la intelectualidad y de la ciencia. Etapa de laxa paz.

Del 28-01-2017 al 15-02-2018:
Gallo de fuego

Año de hedonismo y fama gratuita, con premios inmerecidos y relajamiento social, donde todo parece estar demasiado fácil y bien. Sombras en el futuro.

VIII
La lealtad del Perro

Para la gente nacida en los años:
1922, 1934, 1946, 1958, 1970, 1982, 1994, 2006, 2018, 2030, 2042

Mes de correspondencia: Octubre
Elemento base: Metal

> *Servir no siempre*
> *ennoblece,*
> *pero gobernar y mandar*
> *casi siempre*
> *envilece.*

No todos los nativos del Perro son iguales, porque cada elemento, fase o movimiento afecta de manera distinta lo que será su nacimiento y su vida en esta Tierra, lo que sucede cada 60 años para marcar la diferencia.

Hay un Perro de tierra.
Hay un Perro de metal.
Hay un Perro de agua.
Hay un Perro de madera.
Hay un Perro de fuego.

戌狗

Cada uno de ellos tiene sus propias fechas de nacimiento:

-Del 28-01-1922 al 15-02-1923: Perro de agua.
-Del 14-02-1934 al 03-02-1935: Perro de madera.
-Del 02-02-1946 al 21-01-1947: Perro de fuego.
-Del 18-02-1958 al 07-02-1959: Perro de tierra.
-Del 06-02-1970 al 26-01-1971: Perro de metal.
-Del 25-01-1982 al 12-02-1983: Perro de agua.

-Del 10-02-1994 al 30-01-1995: Perro de madera.
-Del 29-01-2006 al 17-02-2007: Perro de fuego.
-Del 16-02-2018 al 04-02-2019 Perro de Tierra.

Veamos qué significa cada uno de ellos:

PERRO DE TIERRA

Es una persona laboriosa, muy ágil o hábil físicamente, a veces de baja estatura y voz aflautada, o muy delgada, pero con una gran fuerza, astucia y valor, características con las que conquista la simpatía de los demás. A veces cae en la trampa de la ambición, y aunque no es ningún santo, es tremendamente moralista.

PERRO DE METAL

Es una persona que busca la armonía y el equilibrio, la paz y la belleza más que la perfección en lo dice y hace, por lo que puede ser desde un pastelero hasta un arquitecto o escultor. Suele ser alto y de apariencia atractiva, pero cuentan que tiene muy mal gusto a la hora de escoger pareja.

PERRO DE AGUA

Suele ser el héroe de su comunidad o de su familia, ya que es capaz de arriesgar la propia vida para salvar a los demás, sin importar su apariencia ni sus condiciones físicas, por lo que puede ser el bombero o el policía del barrio. Su sentido del deber es muy elevado, pero a veces lo traiciona la ira ante la injusticia.

PERRO DE MADERA

Persona casera donde las haya, amable, afable y considerada, pero con los de afuera, no con los de adentro del hogar, donde es exigente, impositiva y a la espera de ser servida y atendida como si fuera una reina o un amo. Sabe moverse por el mundo externo, pero no le atrae demasiado. Tiene habilidades manuales increíbles.

PERRO DE FUEGO

"Haz lo que te digo, no lo que hago", es el lema del Perro de fuego, que sabe muy bien qué es lo correcto y qué lo incorrecto, pero que rara vez lo aplica en sí mismo. Eso sí, es obediente y hasta sumiso con lo que considera superior o autoridad, buen gerente y mejor empleado. La diplomacia es su especialidad.

Tampoco es lo mismo ser varón (Yang) que hembra (Yin):

PERRO YANG

Nadie como el hombre Perro para construir una casa desde sus cimientos hasta la cúspide sin ayuda de nadie más, entre otras cosas porque es muy exigente y le molesta o hasta le desespera cómo hacen las cosas los demás. Arrastra algunos traumas infantiles difíciles de superar, pero se esfuerza por ser noble.

PERRO YIN

La mujer de este signo puede ser un portento de belleza, que a menudo es más un problema que una solución en las relaciones sentimentales y amorosas; pero, por otra parte, es astuta e independiente, excelente trabajadora social, capaz de llevar a cabo grandes proyectos. Su carácter no es el mejor del mundo, pero lo supera.

Ni se expresan igual en la infancia y en la senectud:

PERRO EN LA INFANCIA YIN

Las niñas del signo del Perro no son nada fáciles de llevar ni de educar ya que, por un lado, parecen un encanto, pero por el otro casi siempre le llevan la contraria a la autoridad familiar, sobre todo en la alimentación y en la disciplina más elemental. Prefieren hacer las cosas a su manera y por sí mismas.

PERRO EN LA INFANCIA YANG

Simpático, juguetón, con ganas de colaborar con los demás y de participar en las tareas del hogar, lo que le gana mucha admiración y cariño entre los suyos. También es muy inquieto y travieso, influenciable y capaz de concentrarse tanto, que no se entera de lo que pasa a su alrededor. Se descalabra con frecuencia.

PERRO EN LA JUVENTUD YIN

Las jóvenes Perro son muy activas socialmente, pero también muy precoces en el amor y en la sexualidad, por lo que no es raro en ellas el embarazo adolescente, que no dudan en llevar adelante pese a quien le pese. En el hogar es mucho más brava que en la calle, a pesar de que a veces parece demasiado frágil. Luchadora.

PERRO EN LA JUVENTUD YANG

El joven Perro tiene una que otra dificultad en su crecimiento y desarrollo, pero una vez pasado el problema se vuelve una fuente de actividad y energía para sí mismo y para los demás, pues quiere retar a todo y a todos, y demostrar sus múltiples habilidades físicas y manuales. Es inteligente, pero odia estudiar.

PERRO EN LA MADUREZ YIN

La mujer Perro llega a la madurez como si no se hubiera dado cuenta de nada, porque a menudo lo hace fuera de tiempo y de pronto se encuentra en un lugar que desconoce, o al que no era su intención llegar. Sin embargo, sabe sacar fuerzas de la flaqueza y posicionarse pronto en un buen lugar, sacando partido de lo que la rodea.

PERRO EN LA MADUREZ YANG

Por su parte, el hombre Perro suele tener algunos tropiezos a pesar del éxito obtenido, y si bien es raro que lo pierda todo, sí puede quedar algo mermado durante algún tiempo, con la necesidad de pedir ayuda a los más cercanos. No es el ave Fénix, pero sí puede renacer de sus cenizas y olvidar a quien le ayudó.

PERRO EN LA ANCIANIDAD YIN

La anciana Perro sigue tan hosca e independiente como en sus etapas anteriores, e incluso con cierta belleza física, pero mucho más relajada con respecto a la familia materna, y consciente de las responsabilidades que debe asumir. Su inteligencia y experiencias la convierten en una gran conversadora y hasta buena escritora.

PERRO EN LA ANCIANIDAD YANG

Es difícil imaginar al Perro en edad anciana, pues muchas de sus virtudes y energías del pasado se disiparán como el aire en primavera; es algo resentido por lo que pudo haber sido y no fue, y con algo de mala conciencia por los errores del pasado, con el agravante de que cree o piensa que ya no sirve para casi nada.

COMPATIBILIDADES DEL PERRO

El Perro es capaz de despertar una gran simpatía en todos los que le rodean, aunque no tanto con su propia familia, porque sabe ser solícito y arreglar problemas que otros no pueden solucionar, pero se llevará mejor con el Tigre y con la Rata que con la Cabra o con el Gallo, que tienen un no sé qué que le desagrada de entrada. De cualquier manera, sus compatibilidades suelen ser más puntuales que duraderas.

EN LA PERSONALIDAD

Todos las personas del signo del Perro refuerzan su personalidad entre sí, pues se entienden a la primera de cambio y saben formar jauría para cazar y medrar. El Tigre y el Buey pueden modelarlo y ayudarle, pero el Conejo lo puede desviar y entorpecer su desarrollo personal. La Cabra tampoco le conviene.

EN LOS NEGOCIOS

Cuentan y dicen que en tacañería, más que en previsión o ahorro, nadie le gana al Perro, por lo que los grandes negocios donde se requiere mucha inversión y gasto no son de su agrado, aunque a veces se deslumbra con ellos y sale perdiendo como ya lo presentía. Tiene muchas cosas que ofrecer, pero le cuesta valorarse y a veces se queda corto por no haber estudiado de verdad. Tigre y Caballo le acompañan.

EN LAS RELACIONES FRATERNALES O FAMILIARES

Muy buen hermano o hermana en la infancia, no tanto en la juventud y menos en la madurez, pero mejor en la ancianidad, y no por maldad, sino por alejamiento o disparidad de caracteres, ya que el Perro exige mucho, pero odia que la familia le exija un comportamiento determinado. El Caballo, la Rata y el Cerdo están presentes en sus relaciones familiares.

EN LA MATERNIDAD O PATERNIDAD

La mujer Perro no es la típica madre amorosa, e incluso a veces es un tanto descuidada, sobre todo si ha sido madre muy joven, pero sí es responsable en muchos aspectos y cuidará que a sus hijos no les falte nada. El padre Perro tampoco es un dechado de virtudes, pues a pesar de sus exigencias y moralidad, es más ruido que verdadera disciplina. Posible trauma con la paternidad o la descendencia. La Rata y el Tigre le acompañan.

EN LA DIRECCIÓN Y EL MANDO

El Perro es muy bueno para dirigir, dar ejemplo y animar o desanimar a los demás, pero muy malo para mandar o imponer su voluntad. Son muy pocos los signos que le hacen caso en el mando, aunque son los menos eficientes, como el Conejo y a veces la Cabra. Sabe obedecer fiel y noblemente, pero no sabe mandar. La mujer Perro es mucho mejor en este sentido. Mono y Caballo le dan la clave.

EN EL SERVICIO Y LA HOSPITALIDAD

Por regla general, ni la mujer ni el hombre Perro son especialmente hospitalarios, tanto por tacañería como por falta de interés, y compartir no es su especialidad. Sin embargo, sí suelen ser muy serviciales, tanto como mediadores diplomáticos como personalmente, siempre dispuestos a echar una mano a los demás, incluso en situaciones dolorosas, molestas o de franco peligro. La Cabra y el Gallo le solucionan el tema, lo agradezca o no lo agradezca.

La sagrada nobleza del perro chino.

EN LA PAREJA

El signo del Perro no tiene ningún problema en casarse las veces que haga falta, aunque los matrimonios no sean duraderos, y los hijos crezcan sin madre o sin padre. Su gusto y tino de elección no suelen ser los más adecuados, con la curiosidad de que pueden vivir en comunidad y casi tribu, sin formar lo que se conoce como familia propiamente. Parejas sí, familias no. Todos los signos son compatibles.

EN LOS CAMBIOS Y LAS TRANSFORMACIONES

El signo del Perro llega a los cambios y a las transformaciones vitales casi sin darse cuenta, pues lo que creía importante ayer y su fin vital o sentido de vida puede desvanecerse fácilmente ante los nuevos retos a los que le enfrente la vida. Puede pasar muchos años haciendo una sola cosa, para cambiar radicalmente el día de mañana. Lo peor es cuando se estanca.

EN LOS ESTUDIOS Y LA ESPIRITUALIDAD

No le falta inteligencia ni sensibilidad, pero el Perro, a pesar de ver fantasmas, no suele ser ni muy estudioso ni muy espiritual. Moralista sí, pero espiritual para nada, al menos durante casi toda su vida, pues puede volverse hasta santón en los días finales de su existencia en esta Tierra. El más allá puede existir, pero la verdad de la vida es aquí y ahora.

EN EL TRABAJO

El Perro puede estar muy bien considerado en el trabajo, y dura en los empleos lo que tiene que durar, ni más ni menos; pero también es un buen trabajador, libre e independiente, incluso un exitoso pequeño empresario, pues sus habilidades y sus dones son múltiples y variados, y sabe cómo quedar bien con los demás. Dragón y Buey pueden darle un buen impulso, y la Cabra y el Tigre ayudarle. Con el Conejo y el Cerdo hay tendencia al conflicto.

EN LA RAZÓN Y EN LA CIENCIA

El Perro puede pecar de querer tener siempre la razón, incluso en las cosas más nimias y sin importancia, pero no es casi nada científico, ya que su instinto y su experiencia suplen los conocimientos teóricos o escritos. Dicen que el Perro es un matemático natural, por lo que calcula con precisión sin método ni ábaco. Por supuesto, creer le parece de lo más natural y razonable, y no lo cuestiona. El Tigre no puede convencerlo y la Cabra ni lo intenta.

EN EL ARTE Y EL PLACER

Parece que es mucho, pero a veces es muy poco el placer que se da el Perro, que más que arte busca estética, armonía y belleza. Trasgrede algunas normas a lo largo de su vida, pero puede ser fiel y leal a su pareja sin que se lo pidan o se lo demanden, pues le sale de forma natural. Eso sí, si le ofrecen una mejor comida, puede cambiar de parecer de uno a otro momento.

SALUD

La salud del Perro va por ciclos naturales, y generalmente se va perdiendo con el paso del tiempo, se cuide o no se cuide. Es fuerte por naturaleza, aunque no de nacimiento, y resistente, pero con piel, pelo y riñones débiles. Con una gran energía de entrada, pero con clara tendencia al sueño y la pereza con el paso de los años, y a veces en la juventud cuando ha coronado una empresa.

DINERO

O todo o nada, con una buena suma en el banco o la cartera, o sin nada y en la penosa necesidad de pedir prestado. Buen trabajador, empresario regular, y tacaño y ahorrador, pero a menudo del todo distraído de sus propios esfuerzos. Las propiedades y la construcción son su mejor inversión, y generalmente deja algo de herencia a sus descendientes si ha comprado algunos terrenos. No hay que olvidar que en China son, además de mascotas, un buen alimento.

Perro pequinés, más mascota que alimento.

AMOR

A veces no lo parece, pero el Perro puede ser muy celoso e irascible en los terrenos del amor, y un compañero exigente y terrible mientras le dura el enamoramiento, pero también ser la persona más fría del mundo cuando se le pasa. Le encantan las aventuras, pero se permite muy pocas, y a menudo las menos convenientes o las menos estéticas posibles.

"Si naciste el año del Perro y en el mes de octubre, eres doblemente Perro."

AÑOS DEL PERRO
Y SU SIGNIFICADO GLOBAL

Cada año del Perro hay una influencia general y global, incluso generacional, que afecta tanto personal como comunitariamente:

Del 28-01-1922 al 15-02-1923:
Perro de agua

Auge en casi todos los sectores sociales, recuperación de las tradiciones familiares que se creían perdidas. Fiesta y alegría.

Del 14-02-1934 al 03-02-1935:
Perro de madera

Tropiezos a nivel social y político. Las deudas se incrementan y no pueden pagarse. Hay colapsos económicos en diversos sectores.

Del 02-02-1946 al 21-01-1947:
Perro de fuego

Año de limpieza y de remozamiento. Castigo a los traidores y premios a los leales. Dicotomía en los valores ideológicos y sociales.

Del 18-02-1958 al 07-02-1959:
Perro de tierra

Año de apoyo, solidaridad, lealtad y servicio, que abre las puertas al pensamiento ecológico y más igualitario y humano.

Del 06-02-1970 al 26-01-1971:
Perro de metal

Despegue en los sectores energéticos, aunque con amenazas de agotamiento o falta de existencias. Avances científicos y tecnológicos.

Del 25-01-1982 al 12-02-1983:
Perro de agua

Año de recrudecimiento en muchos conflictos locales e internos que afectan el buen desarrollo y entendimiento con el extranjero.

Del 10-02-1994 al 30-01-1995:
Perro de madera

Año de alarmas científicas, tanto inciertas y exageradas como reales y patentes. Poca respuesta social. Enfermedades y contagios.

Del 29-01-2006 al 17-02-2007:
Perro de fuego

Año de superación personal en muchos sectores de la sociedad, con la nobleza y la bondad en el comportamiento de los seres humanos.

Del 16-02-2018 al 04-02-2019:
Perro de tierra

Año de engaños y trampas, de publicidad amañada y de malicioso incremento de manipulación sobre la población mundial. Falsos contagios y pestes.

IX
LA PERSEVERANCIA DEL CERDO

PARA AQUELLOS NACIDOS EN LOS AÑOS:
**1923, 1935, 1947, 1959, 1971, 1983
1995, 2007, 2019, 2031, 2043**

MES DE CORRESPONDENCIA: NOVIEMBRE
ELEMENTO BASE: AGUA

> *Que el provecho*
> *que das a los demás*
> *nunca sea hambre*
> *y miseria*
> *para ti mismo.*

No todos los Cerdos, o Jabalíes, son iguales, porque cada elemento, fase o movimiento afecta de manera distinta lo que será su nacimiento y su vida en este orbe, lo que sucede cada 60 años para que un elemento se repita.

HAY UN CERDO DE TIERRA.
HAY UN CERDO DE METAL.
HAY UN CERDO DE AGUA.
HAY UN CERDO DE MADERA.
Y HAY UN CERDO DE FUEGO.

亥豬

Cada uno de ellos tiene sus propias fechas de nacimiento:

-Del 16-02-1923 al 04-02-1924: Cerdo de agua.
-Del 04-02-1935 al 23-01-1936: Cerdo de madera.
-Del 22-01-1947 al 09-02-1948: Cerdo de fuego.
-Del 08-02-1959 al 27-01-1960: Cerdo de tierra.
-Del 27-01-1971 al 14-02-1972: Cerdo de metal.

-Del 13-02-1983 al 01-02-1984: Cerdo de agua.
-Del 31-01-1995 al 18-02-1996: Cerdo de madera.
-Del 18-02-2007 al 06-02-2008: Cerdo de fuego.
-Del 05-02-2019 al 24-01-2020: Cerdo de tierra.

Veamos qué significa cada uno de ellos:

CERDO DE TIERRA

El Cerdo de tierra es muy apreciado en Oriente, pues es símbolo de que la alacena estará llena todo el año pese a las inundaciones o a las sequías, por lo que se relaciona a las personas de este signo con la protección y la abundancia incluso en las peores temporadas. La bondad proveerá.

CERDO DE METAL

El Cerdo de metal se distingue por su bravura y su vocación de protección y servicio, por lo que no es nada raro verlo como policía, soldado o simple guerrero y luchador de la vida diaria. A veces puede resultar un poco irascible y hostil, pero lo hace siempre como recurso de defensa, nunca de ataque injustificado.

CERDO DE AGUA

La humanidad le brota por los poros al Cerdo de agua, por discreto y por constante, con una fuerza de voluntad y una tenacidad a prueba de fuego, sin presumir de sus dones ni de sus aptitudes. Siempre cumple su palabra, por lo que es considerado muy leal y confiable. Es humilde, no grosero, antisocial ni tímido, y por eso se mantiene muchas veces callado o en segundo plano.

CERDO DE MADERA

El Cerdo de madera es imaginativo, fantasioso, sensual, amante de las buenas cosas de la vida, y de vez en cuento dado a uno que otro exceso, que lleva con la mayor discreción posible, pues no le gusta dar mal ejemplo. Disfruta de la soledad tanto como de la familia, y tiene unos cuantos dones de docencia y de dibujo.

CERDO DE FUEGO

El Cerdo de fuego a menudo se refugia y huye hasta de sus propias tentaciones, ya que tiene el alma prendida del espíritu y del conocimiento, y entiende que la buena moral es indispensable para la vida familiar y social. Sabe mandar y obedecer, y no le gusta ofender a nada ni a nadie, aunque a veces se desespera con la gente que no quiere hacer lo que debe hacer, o insiste en ser estulto.

El cerdo, la amada mascota.

Tampoco es lo mismo ser varón (Yang) que hembra (Yin):

CERDO YANG

El varón Cerdo a menudo peca de exagerado, fantasioso o hasta engreído, pero lo hace desde la ingenuidad y la inocencia, o por el simple temor a hacerse viejo o a pasar desapercibido. Ama que lo amen y que le presten atención, como si fuera una querida mascota. A pesar de sus pequeños o grandes defectos, siempre tiene una mano tendida para ayudar a los demás. Siempre perseverante.

CERDO YIN

La hembra Cerdo no se anda con tantas ceremonias, y llama a las cosas por su nombre. Tiene sueños y fantasías, y hasta magia interna, pero no le gusta mezclarlas con la vida real ni deslumbrar a nadie con ellas. Es seria y cauta en lo que debe serlo, y es la mejor amiga, hermana o persona para guardar un secreto. Sea o no sea muy lista, generalmente sabe lo que quiere.

Ni se expresan igual en la infancia y en la senectud:

CERDO EN LA INFANCIA YIN

Las niñas Cerdo son encantadoras y algo distraídas, pues esas emociones que no demuestran fácilmente las tienen entretenidas, y se olvidan de lo que tienen que hacer o lo que tienen que ponerse. No son muy cariñosas, pero sí juguetonas. Les gustan las cosas claras y no dan su brazo a torcer fácilmente. Son unas pequeñas guerreras.

CERDO EN LA INFANCIA YANG

Por su parte, el niño Cerdo puede parecer retraído, como que no se entera de nada, porque a menudo vive en su mundo de fantasía e inventa toda clase de aventuras y de mentiras para ser atendido por los demás. Puede ser muy cariñoso con la gente que ama, y muy cruel y hasta hosco y violento con las personas que no le gustan.

CERDO EN LA JUVENTUD YIN

La joven de este signo puede cambiar de parecer de una forma radical de un momento a otro, pero siempre dentro del humanismo, pues es la típica joven que se hace voluntaria para ayudar a las personas pobres de las regiones lejanas, para salir al otro día con que quiere ser maestra o empresaria. Se deja consentir, pero no le gusta depender de nadie en todo.

CERDO EN LA JUVENTUD YANG

El Cerdo en su juventud puede mostrar destrezas deportivas, militares o artísticas, audacia y valor, y gusto por los peligros y las aventuras, mostrando una vena bohemia que nadie esperaba, ni siquiera él mismo. Suele ser alegre, trabajador y seguro de sí mismo, dejando las fantasías temporalmente y apostando por aquello que le hace vibrar y sentir realmente.

CERDO EN LA MADUREZ YIN

En la madurez, la mujer Cerdo consigue generalmente la estabilidad, y aunque a veces le aburre tener todo seguro, también lo disfruta, pues en el fondo es muy tradicional y la familia, aunque pesada, es un buen refugio donde imponer sus leyes y su moral, además de sentirse amada y valorada.

CERDO EN LA MADUREZ YANG

El hombre Cerdo cuando madura suele volver a

la infancia, a las fantasías e incluso a las mentiras, porque a pesar de estar más o menos consolidado en lo mejor o en lo peor de la vida, siente necesidad de algo más, de magia y de novedad, por lo que no es raro que a una edad nada joven quiera cambiar de vida y abandone todo lo conseguido hasta ese momento.

CERDO EN LA ANCIANIDAD YIN

La anciana Cerdo puede ser un verdadero pan de dulce, sabia y tranquila, pero con una vida interna muy rica, en la que reconoce tantos sus errores como sus aciertos a lo largo de su existencia, siendo capaz de transmitir sus conocimientos a la gente joven, sobre todo a sus nietos. No deja de ser dura y misteriosa en algunos asuntos, pero por lo demás es un libro abierto de bondad y compañia.

CERDO EN LA ANCIANIDAD YANG

El abuelo Cerdo a menudo se pierde las bondades de la vejez, tanto porque al gustarle los riesgos y el peligro no llega tan lejos, o porque sus fantasías y medias verdades se convierten en una trampa para sí mismo. Si las supera, puede llegar a ser un entrañable abuelo que cuenta historias maravillosas.

COMPATIBILIDADES DEL CERDO

A pesar de sus bondades, que no son pocas, el hombre Cerdo puede echar a perder años de amistad y correspondencia en un segundo, de la misma manera que puede conseguir aliados impensables hasta hace solo unos momentos. Ellas sí suelen mantener amistades de toda la vida, a pesar de los pesares y de su tendencia a disfrutar de un momento de soledad todos los días. La Cabra y la Serpiente son sus mejores compañías, y también otras personas del signo del Cerdo.

EN LA PERSONALIDAD

La mujer Cerdo mantiene prácticamente el mismo carácter y personalidad durante toda la vida, mejorando paso a paso a pesar de las dificultades y las caídas; mientras que el hombre Cerdo a menudo se pierde en el mundo de las aventuras fantásticas y hace daño a quienes le rodean al ser demasiado egoísta. La Rata y el Buey son un buen refuerzo para una personalidad positiva. No Cabra ni Conejo.

EN LOS NEGOCIOS

El Cerdo puede ser un buen servidor y un empleado de lo más confiable, pero no es demasiado bueno para los negocios, ni siquiera cuando trabaja por su cuenta, por lo que un buen representante, como el Caballo o el Dragón, le irán de perlas. En este plano, la buena de la Rata no le conviene para nada.

EN LAS RELACIONES FRATERNALES O FAMILIARES

La mujer Cerdo es una buena hermana menor en lo justo y necesario, pero no es una pariente cercana, afectiva ni amorosa, y a veces es hasta hosca y algo rara con la parentela, pero cumple con lo socialmente básico. El hombre Cerdo, a pesar de los pesares, intenta ser más familiar y afectivo, pues requiere constantemente de aceptación y apoyo moral y afectivo. El Mono y la Serpiente, junto con la Cabra, suelen ser sus familiares.

EN LA MATERNIDAD O PATERNIDAD

La madre Cerdo no es muy encimosa, ni exagerada en las normas, pero sí tiene un par, o tres, leyes que cumple a rajatabla como madre; fuera de eso da a su prole total libertad de acción y de pensamiento. El padre Cerdo también es bastante tolerante con el comportamiento de su descendencia, incluso laxo en algunas ocasiones, como si el niño o el hijo fuera él. El Buey, el Conejo y el Mono suelen ser sus descendientes, y eventualmente el Caballo y el Perro.

EN LA DIRECCIÓN Y EL MANDO

La mujer Cerdo sirve más para mandar que para obedecer, pero obedece si es necesario; mientras que el hombre Cerdo sirve más para obedecer que para mandar, aunque a menudo no obedece demasiado. A ambos les puede pesar la responsabilidad, o pueden volverse tiranos inflexibles cuando el poder les alcanza. La Rata y el Buey pueden conducirlos por el buen camino, no la Cabra.

EN EL SERVICIO Y LA HOSPITALIDAD

No es que adoren tener gente en casa comiendo, bebiendo y riendo a carcajadas, pero de una u otra manera son tan hospitalarios como serviciales, aunque, eso sí, les encanta imponer sus reglas a los invitados, o negarles del todo el acceso si se sienten realmente incómodos o amenazados. Bien con casi todo el mundo, pero poco con la Serpiente y el Conejo, a menos que se vean obligados.

EN LA PAREJA

La mujer Cerdo suele ser de una sola pareja, independientemente de otros sueños, deseos, amores o tentaciones, y a excepción del Conejo, es perfectamente compatible con el resto de los signos, sobre todo con la Serpiente, el Caballo, la Cabra y el Mono. El hombre Cerdo, por el contrario, es compatible temporalmente con el Conejo, el Cerdo y la Cabra, pero tiende a quedarse solo.

EN LOS CAMBIOS Y LAS TRANSFORMACIONES

La mujer Cerdo no suele cambiar, pero sí transformarse y hasta provocar en los demás cambios de actitud y pensamiento, para bien o para mal; mientras que el hombre Cerdo cambia constantemente, movido por sus fantasías y sus deseos, pero a menudo esos cambios no lo transforman para bien, sino que lo empeoran un poco o más de la cuenta. El cambio más radical es la muerte, y el Conejo y la Cabra les acompañan, mientras el Buey y el Dragón hacen de guía.

EN LOS ESTUDIOS Y LA ESPIRITUALIDAD

El Cerdo es un signo espiritual y mágico de nacimiento, no tanto de estudio reglado pero sí de entendimiento, creatividad y experiencia, por lo que a menudo son más maestros que estudiantes, pues hay conocimientos que traen desde antes de nacer en este mundo. La Cabra y el Tigre les guiarán por este sendero.

EN EL TRABAJO

Ambos pueden dedicarse perfectamente a la vida militar o monástica, tanto porque llevan el misticismo, la magia y la fantasía en las entrañas como porque es una vida dura, pero segura, en la que se alejan de las tentaciones del mundo, demonio y carne, a pesar de su sensualidad, que les empuja al pecado. Bien en todas las áreas con la anuencia del Dragón, el Buey y la Rata.

EN LA RAZÓN Y EN LA CIENCIA

Ni la mujer ni el hombre Cerdo son las personas más razonables del mundo, pues tienen creencias profundas e innatas, pero sí pueden ser harto científicos, pues tenacidad y curiosidad no les faltan, tanto en las ciencias ocultas como en las ciencias humanas, y en la más exacta de la ciencia, la química, sobre todo si de tóxicos, venenos o perfumes se trata. El Cerdo, el Perro y el Dragón les abrirán las puertas.

EN EL ARTE Y EL PLACER

El Cerdo es un signo del todo hedonista, y aunque la mujer Cerdo es más reservada que el hombre Cerdo, ambos saben disfrutar de los placeres y del arte de la vida, desde pequeños gustos hasta los más sutiles y elevados, si bien es cierto que el arte formal y académico a veces les pasa de largo sin notarlo. La Cabra puede guiarlos por este sendero, y de vez en cuando el Conejo.

SALUD

El Cerdo puede tener una verdadera salud de hierro y una gran resistencia, además de su proverbial sensualidad, pero tiene cierta tendencia a los accidentes y a la poca o nula reflexión de sus actos, sobre todo los hombres del signo, por lo que la mayoría de ellas llega a la ancianidad con buena salud y ellos, por regla general, lo hacen muy poco, aunque hay sus sanas excepciones.

DINERO

El Cerdo tiene un gran sentido del ahorro en la madurez y en la vejez, pero en la juventud puede dedicarse a derrochar, aunque no todo, porque algo en su interior le empuja a tener por lo menos unos ahorros para lo importante y para los imprevistos, algo que consigue con su tenacidad y fuerza de voluntad.

El plácido amor del cerdo.

AMOR

Las personas Cerdo son muy sensuales, soñadoras, románticas y sensibles, pero ellas raras veces cometen locuras por amor, y ellos las cometen más por la sexualidad que por el enamoramiento o el amor propiamente dichos. Ellas apuestan por la seguridad, y son exigentes; ellos apuestan por la aventura y son capaces de sacrificar lo que sea para conseguirla. Ambos son buenos amantes aunque, eso sí, el amor a la familia y a lo que realmente les importa lo llevan grabado en el alma.

"Si naciste el año del Cerdo y en el mes de noviembre, eres doblemente Cerdo."

Años del Cerdo
Y SU SIGNIFICADO GLOBAL

Cada año del Cerdo hay una influencia general y global, incluso generacional, que afecta tanto personal como comunitariamente:

Del 16-02-1923 al 04-02-1924:
Cerdo de agua
Año de cambios y transformaciones en la forma de apreciar, sufrir o gozar la vida. Nuevas enfermedades psíquicas o emocionales.

Del 04-02-1935 al 23-01-1936:
Cerdo de madera
Año de cambios y transformaciones en los mares, los bosques y los campos de cultivo. Los recursos amenazan con agotarse.

Del 22-01-1947 al 09-02-1948:
Cerdo de fuego
Año de cambios y transformaciones en el sector político, industrial y productivo, necesidad de recuperación y reinicio para medio mundo.

Del 08-02-1959 al 27-01-1960:
Cerdo de tierra
Año de cambio y transformaciones en el procesamiento de alimentos. Hambre por lo menos en un tercio del mundo.

Del 27-01-1971 al 14-02-1972:
Cerdo de metal
Año de transformaciones y cambios en el sector

turístico, reformas o mejoras en los medios de transporte. Accidentes dramáticos.

Del 13-02-1983 al 01-02-1984:
Cerdo de agua

Año de transformación interna en el ánimo y pensamiento de los seres humanos. Graves peligros para los activistas sociales y ecológicos.

Del 31-01-1995 al 18-02-1996:
Cerdo de madera

Año de cambios y transformaciones en la visión del porvenir de la humanidad, de la vida y de la muerte. Amenaza de tragedias naturales en diferentes latitudes.

Del 18-02-2007 al 06-02-2008:
Cerdo de fuego

Año de cambios profundos en lo que se consideraba los grandes triunfos y personajes del pasado. Tendencia a transformar el pensamiento social.

Del 05-02-2019 al 24-01-2020:
Cerdo de tierra

Año de cambios y transformaciones en el campo de la mediatización y la forma de conducir a la humanidad para que deje de protestar y se someta. Pestes.

X
La inteligencia de la Rata

Para aquellas personas nacidas en los años:
**1924, 1936, 1948, 1960, 1972,
1984, 1996, 2008, 2020, 2032**

*Mes de correspondencia: Diciembre
Elemento base: Agua*

> *Si la justicia o el gobierno
> te hacen poderoso,
> eres más un criminal
> que un ser virtuoso.*

No todos los nacidos el año de la Rata son iguales, porque cada elemento, fase o movimiento afecta de manera distinta lo que será su nacimiento y su vida en esta Tierra, lo que sucede cada 60 años para que un elemento se repita.

Hay una Rata de tierra.
Hay una Rata de metal.
Hay una Rata de agua.
Hay una Rata de madera.
Y hay una Rata de fuego.

子鼠

Cada una de ellas tiene sus propias fechas de nacimiento:

-Del 05-02-1924 al 24-01-1925: Rata de madera.
-Del 24-01-1936 al 10-02-1937: Rata de fuego.
-Del 10-02-1948 al 28-01-1949: Rata de tierra.
-Del 28-01-1960 al 14-02-1961: Rata de metal.
-Del 15-02-1972 al 02-02-1973: Rata de agua.
-Del 02-02-1984 al 19-02-1985: Rata de madera.

-Del 19-02-1996 al 06-02-1997: Rata de fuego.
-Del 07-02-2008 al 25-01-2009: Rata de tierra.
-Del 25-01-2020 al 11-02-2021 Rata de Metal.

Veamos qué significa cada uno de ellos:

RATA DE TIERRA

Quizá la más astuta de las Ratas, es capaz de sacarle provecho hasta al desierto, pues además de estudiosa y curiosa es creativa e imaginativa, lo que le da la capacidad de aprender de toda experiencia, y de emular y superar a sus maestros o amos para convertirse en lo que desea.

Nadie tan astuto como la rata.

RATA DE METAL

En el orden de los elementos, la Rata de metal es una buena estratega, tanto para dirigir una batalla como para jugar al ajedrez. Se interesa por diversas disciplinas, por las relaciones internacionales y por el dominio de las lenguas, tanto como por las leyes y las jurisprudencias. Es una estupenda docente, sabia y dedicada, pero eso no impide que de vez en cuando haga trampa.

Rata de agua

La Rata de agua es la preferida del horóscopo chino, tanto por sus valores como por su capacidad de adaptación a cualquier situación buena, mala o peor que ha caracterizado al pueblo chino durante milenios. Además, como el Perro y el Cerdo, forma parte de la gastronomía popular, sobre todo la Rata de agua de los arrozales.

Rata de madera

La Rata de madera es toda inspiración y respuesta espontánea, muy natural, pero a veces tan natural que parece fuera del orden, la moral y la salud mental, lo que la puede orillar a ser algo paranoica y desconfiada de la conducta de los demás. No es nada raro que se aventure por los caminos de la adivinación y la magia, o en cualquier otro asunto fuera de lo normal.

Rata de fuego

Para la Rata de fuego las relaciones sociales, familiares, amorosas y hasta sexuales son muy importantes, y las prefiere directas, sencillas y hasta fáciles, que complejas, difíciles o dramáticas. Es muy productiva y empresarial, pero a veces tiene problemas con los excesos en la bebida y la comida. Puede ser algo tacaña con sus colaboradores, pero espléndida con quien desea conquistar.

Tampoco es lo mismo ser varón (Yang) que hembra (Yin):

RATA YANG

La Rata hombre es un poco más expeditiva y directa que la hembra Rata, sobre todo cuando le interesa, pero también recelosa y desconfiada en casi todos los aspectos y terrenos de la vida. No es nada cobarde, pero corre, huye y se esconde cuando siente que algo o alguien le supera. Trabaja con astucia y diligencia, y suele lograr lo que se propone a pesar de los obstáculos o las tempestades.

RATA YIN

La mujer Rata siempre quiere conquistar, y que las cosas sean como ella quiere y no como son en realidad. Es algo paranoica y vidente natural, pero no se deja desvelar por fantasmas, sino que los utiliza para ganar y medrar. Es más apasionada que el hombre Rata, pero a menudo tropieza con la falta o ausencia de respuesta a sus pasiones. Es una estupenda trabajadora, leal y confiable.

Ni se expresan igual en la infancia y en la senectud:

RATA EN LA INFANCIA YIN

Si alguien puede ganar un concurso infantil de talento, música, danza o actuación es la niña Rata, aunque tampoco se le niegan las ciencias y las matemáticas, pues además de talento tiene un gran espíritu competitivo y no le gusta nada perder o quedar en segundo lugar.

RATA EN LA INFANCIA YANG

El niño Rata es un poco menos talentoso a edades tempranas, pero puede destacar en algunos deportes o en algunos concursos de inteligencia, aunque él preferiría triunfar en las artes o en la escritura.

Es persistente y hasta insistente para conseguir lo que desea, y no es raro que desde muy pequeño aprenda a vender y a comprar.

RATA EN LA JUVENTUD YIN

La Rata joven es tremenda, muy apasionada y con ganas de conocer mundo, crecer y desarrollarse, lo que la lleva a menudo a protagonizar dramas y conflictos. Siempre quiere escapar del ambiente que la rodea, y a menudo se casa solo para huir del seno familiar, que ella encuentra agobiante. Puede resultar encantadora o terrible al intentar imponer su voluntad a los demás.

RATA EN LA JUVENTUD YANG

Desde la temprana juventud, el hombre Rata puede estar proyectando lo que será su futuro, y en qué campo se desarrollará profesionalmente o la empresa que lo volverá millonario, que es una de sus metas más queridas. También idealiza su mundo amoroso y familiar, y a la persona que va a ser su pareja. No lleva muy bien los fracasos ni las derrotas, pero se esfuerza por salir adelante.

RATA EN LA MADUREZ YIN

La mujer Rata entra en la madurez con bombos y platillos, pues parece que ya ha conseguido lo que deseaba en el terreno laboral, familiar, intelectual y de pareja, aunque esta sea solo una etapa más de su vida, pues es en la madurez que suele cambiarlo todo y volver a empezar, tanto por fracaso como por aburrimiento.

RATA EN LA MADUREZ YANG

El hombre Rata se fortalece mucho con la edad,

tanto física como intelectualmente, si bien es cierto que es proclive a algunos vicios, dependencias y excesos, los que suele superar a pesar de los pesares para enderezar su vida y seguir en pos de los proyectos que se trazó en la juventud. No todo lo que relumbra será oro, pero ya estará curtido gracias a sus pasadas experiencias.

RATA EN LA ANCIANIDAD YIN

A la mujer Rata le cuesta envejecer, y no solo por vanidad sino porque su organismo resulta más resistente de lo que pensaba a pesar de sus paranoias, miedos e hipocondrías, o enfermedades imaginarias. Lo más habitual es que llegue con un buen caudal material y económico, o con la vejez asegurada, para centrarse más en viajar y disfrutar de la vida.

RATA EN LA ANCIANIDAD YANG

Llegar a viejo no es del deseo inicial del hombre Rata, pues preferiría morir joven y atractivo, pero se conforma muy bien con la vejez, pues le da una jerarquía y le permite enseñar a los más jóvenes los secretos de la vida o el tema que domine, tanto por humanismo como por presumir de sabiduría.

COMPATIBILIDADES DE LA RATA

No estaría nada mal llevarse y entenderse bien con todo el mundo, pero la realidad es que hay personas que nos caen bien o nos caen mal de entrada y desde un principio, a veces con motivos de sobra, pero otras veces sin que exista algo que lo explique, porque es solo una sensación, una corazonada, que suele funcionar muy bien y raras veces se equivoca.

Es algo de piel, de instinto, que nos lleva a confiar o a desconfiar de alguien o de algo, y que el horóscopo chino explica a través de las compatibilidades de energías entre signos, ya sea por lo elementos, por la posición cardinal que ocupa cada uno, por los caracteres y personalidades y hasta por cosas banales, como el gusto por una comida, una ideología, una tierra o la forma de vestir, de pensar o de sentir.

EN LA PERSONALIDAD

La Rata refuerza la personalidad de muchos otros signos por su sabiduría, ejemplo y capacidad de enseñar los secretos de la vida, mientras que a ella la refuerzan el Buey, que le frena y le guía; el Cerdo, que le empuja y le anima; e incluso la Cabra, que le enseña otros aspectos de la existencia.

EN LOS NEGOCIOS

La Rata es negociante por naturaleza, capaz de vender helados en el Polo Norte y de comprar al mejor precio posible. Su visión empresarial es amplia y casi siempre en ascenso, pero no demasiado generosa con sus empleados, pues intenta ganar siempre más y más a costa de lo que sea. Puede tener conflictos en su gestión, pero rara vez fracasa.

EN LAS RELACIONES FRATERNALES O FAMILIARES

La Rata no es un paradigma de relaciones familiares, aunque cumple lo mejor que puede como hermano mayor. A veces le gusta estar en casa y tranquila, pero demasiada tranquilidad le aburre y le desespera, dejando a la familia un tanto de lado, y no por egoísmo sino porque no quiere perderse nada de la vida. Eso sí, es muy valiente a la hora de defender a los suyos. Cabra y Conejo le acompañan.

EN LA MATERNIDAD O PATERNIDAD

La mujer Rata suele ser una madre más o menos correcta si sus vástagos le obedecen sin rechistar y si siguen sus consignas al pie de la letra, si no, es capaz de olvidarse de ellos. Una madre exigente, sin duda, mientras que el hombre Rata simplemente cumple en lo amoroso, lo cariñoso y la manutención, sin esperar demasiado del futuro. El Caballo, el Perro, la misma Rata y el Buey suelen estar en su descendencia.

EN LA DIRECCIÓN Y EL MANDO

La Rata suele ser un buen jefe, algo tacaño, escurridizo y hasta hierático, pero buen jefe que da la oportunidad de crecer a sus empleados o servidores. A veces parece un poco olvidadizo o desordenado, pero es solo una apariencia, porque la verdad es que lo lleva todo apuntado en la cabeza. No suele obedecer demasiado.

EN EL SERVICIO Y LA HOSPITALIDAD

La mujer Rata puede ser muy espléndida y hasta presumida en sus reuniones, pues le gusta saborear y compartir lo mejor de lo mejor, y puede ser especialmente pródiga con las personas de su interés profesional o romántico, además de muy servicial. El hombre Rata, al contrario, a menudo peca de tacaño y se le nota mucho cómo le duele el bolsillo cuando lo hace por interés. Mono y Dragón le comprenden.

EN LA PAREJA

No es mala pareja, pero a menudo el hombre Rata es la perfecta pareja ausente o de citas previas, pues

171

solo atiende a la pareja en horarios determinados y en fechas especiales. Con la mujer Rata a veces sucede algo similar, debido a sus ocupaciones personales o profesionales, pero es menos lejana y más pasional. Mal con la Cabra y el Gallo, bien con el Tigre, el Buey, el Mono y la Serpiente.

EN LOS CAMBIOS Y LAS TRANSFORMACIONES

La Rata se transforma radicalmente en la madurez y la ancianidad, generalmente para bien, pues eleva el alma, los sentimientos y el espíritu, pero a veces para mal, hundiéndose en el desconcierto de sí mismo. Los cambios positivos y los ascensos siempre son bienvenidos, pero tampoco teme a los retos ni a los obstáculos. Dragón, Cabra y Tigre, junto con el Cerdo, le tenderán un puente y una mano.

EN LOS ESTUDIOS Y LA ESPIRITUALIDAD

La Rata es curiosa y le gusta alimentar tanto a la mente como al espíritu, por lo que puede estudiar las cosas más raras y estrambóticas, como las más serias y regladas. No son pocas las personas de este signo que se dedican a la religión, además de graduarse en física, leyes o ingeniería. Tanto la Cabra como el Buey le sirven de docentes y de guías.

EN EL TRABAJO

Prefiere ser empresario e ir por el premio mayor, pero tampoco es un mal empleado de las grandes compañías, donde también puede escalar puestos de dirección y de altos ingresos; incluso las instituciones de gobierno, administración y justicia pueden ser un buen lugar para su desarrollo profesional. Empleado ambicioso al amparo de la Rata, el Buey, el Tigre y hasta el Conejo.

EN LA RAZÓN Y EN LA CIENCIA

La Rata es eminentemente creyente, incluso religiosa, y si bien puede ser muy práctica, la razón como tal no es su fuerte. Siempre hay algo mágico o místico que la mueve, además de los intereses materiales. La ciencia, sobre todo la humana, puede atraerle, así como la medicina, la biología y la psiquiatría, aunque no sean exactamente su fuerte. El Caballo será su mejor aliado en este terreno.

EN EL ARTE Y EL PLACER

El arte de la Serpiente y el placer del Conejo serán sus mejores compañeros, a pesar de que con el tiempo la frugalidad, el ecologismo y el abstencionismo le llamen más la atención como negocio o medio de vida. El Buey le acompaña en los placeres sencillos de la vida, y la Cabra, que puede desviarlo del camino sano, en el arte, la literatura, la poesía y los conocimientos esotéricos que tanto le agradan.

SALUD

La Rata tiene, de partida, buen físico y un organismo saludable, pero eso no le impide enfermar frecuentemente, tanto de males reales como de males imaginarios, que debe aprender a superar, porque lo imaginario puede convertirse en algo terrible y muy real. También le encantan los deportes de riesgo y uno que otro exceso, que generalmente aprende a controlar.

DINERO

Tanto en la riqueza y la abundancia, que viene a ser lo mismo, pese a que el papel moneda y las monedas de metal son un invento chino que llegó a Occidente en el siglo VII antes de la era romana común, la Rata es capaz de crear su propia riqueza, aunque tenga que hacer doble turno o atender a mil asuntos a la vez. En la cultura china, es la que promueve y mueve la economía.

Amor

La Rata tiene amor a raudales para dar a los demás, lo que pasa es que a menudo no le da tiempo para hacer la entrega y queda un poco mal ante la familia y la pareja, por lo que debe aprender a administrarse para no causar confusiones ni malos entendidos. Es aventurera, pero tiende más al amor familiar que a otras formas de relación. Ella es mucho más enamoradiza que él.

"Si naciste el año de la Rata y en el mes de diciembre, eres doblemente Rata."

Años de la Rata
Y SU SIGNIFICADO GLOBAL

Cada año de la Rata hay una influencia general y global, incluso generacional, que afecta tanto personal como comunitariamente:

Del 05-02-1924 al 24-01-1925:
Rata de madera
Año de trampas y manipulaciones, con refugio en la intelectualidad y el arte para algunos sectores de la sociedad, no para todos.

Del 24-01-1936 al 10-02-1937:
Rata de fuego
Año de represiones y de persecuciones, de racismo

y de totalitarismo, con refugio en el extranjero para unos cuantos. No todos huyen del mal presagio.

Del 10-02-1948 al 28-01-1949:
Rata de tierra

Año para el acomodo de los más astutos, de los vencedores o de los primeros lugares, el resto queda abandonado a su suerte.

Del 28-01-1960 al 14-02-1961:
Rata de metal

Año de salvación y de aumento de recursos y refugios, sobre todo para aquellos que a menudo no tienen dónde acudir para recibir ayuda.

Del 15-02-1972 al 02-02-1973:
Rata de agua

Año de reconsideración de los valores y de las necesidades personales y sociales. El populismo toma relevancia en medio mundo.

Del 02-02-1984 al 19-02-1985:
Rata de madera

Año de ayudas sociales para el campo y la construcción, para los migrantes y para los campesinos, a pesar del totalitarismo que va ganando terreno.

Del 19-02-1996 al 06-02-1997:
Rata de fuego

Año de descanso por lo general, aunque el terrorismo no descansa nunca y las luchas de poder continúan subrepticiamente.

Del 07-02-2008 al 25-01-2009:
Rata de tierra

Año de recomposición, pero también de los reyes bufones o payasos; el poder en la sombra que mueve los hilos de la humanidad no da tregua a las personas.

Del 25-01-2020 al 11-02-2021:
Rata de metal

Año de cierta recomposición después de varios experimentos sociales sobre la masa acéfala de la humanidad. Todo cambia para que siga todo igual.

XI
EL MISTICISMO DEL BUEY

PARA AQUELLAS PERSONAS NACIDAS EN LOS AÑOS:
1925, 1937, 1949, 1961, 1973,
1985, 1997, 2009, 2021, 2033

MES DE CORRESPONDENCIA: ENERO
ELEMENTO BASE: AGUA

> *A menudo es menos*
> *importante*
> *quién te acompaña*
> *en los placeres de la vida,*
> *que aquel que te acompaña*
> *al Cielo.*

No todos los Bueyes, o Búfalos, son exactamente iguales, porque cada elemento, fase o movimiento afecta de manera distinta lo que será su nacimiento y su vida en este orbe, algo que solo sucede cada 60 años, que es cuando el elemento se repite como hecho particular y generacional.

HAY UN BUEY DE TIERRA.
HAY UN BUEY DE METAL.
HAY UN BUEY DE AGUA.

177

HAY UN BUEY DE MADERA.
Y HAY UN BUEY DE FUEGO.

丑牛

Cada uno de ellos tiene sus propias fechas de nacimiento:

-Del 25-01-1925 al 12-02-1926: Buey de madera.
-Del 11-02-1937 al 30-01-1938: Buey de fuego.
-Del 29-01-1949 al 16-02-1950: Buey de tierra.
-Del 15-02-1961 al 04-02-1962: Buey de metal.

-Del 03-02-1973 al 22-01-1974: Buey de agua.
-Del 20-02-1985 al 08-02-1986: Buey de madera.
-Del 07-02-1997 al 27-01-1998: Buey de fuego.
-Del 26-01-2009 al 13-02-2010: Buey de tierra.
-Del 12-02-2021 al 31-01-2022: Buey de metal.

Veamos qué significa cada uno de ellos:

BUEY DE TIERRA

El más plácido del signo, tranquilo, constante, trabajador, paciente, sabio, siempre dispuesto a dar ejemplo con sus actos, no con su palabra, y más valiente de lo que muchos piensan, pues de la calma puede pasar a la ira y a la violencia si el asunto lo amerita o si la injusticia se hace presente. Poco a poco, pero nadie ni nada lo detiene.

BUEY DE METAL

El Buey de metal no es tan tranquilo, aunque a veces es muy pausado y muy mecánico o metódico en sus acciones. No tiene prisa, pero sí mucha habilidad en lo que hace, por lo que es el especialista del zodiaco chino, y quizá no sepa de todo, pero lo que sabe lo domina. Siempre hay una nueva meta para el Buey de metal, y una nueva cima que conquistar.

BUEY DE AGUA

El agua es el elemento base del Buey, y los que nacen en su año tienen un carácter místico, una especie de relación con el más allá y con el ascenso de los espíritus a las habitaciones celestiales, por lo que es un buen guía espiritual para los demás (más que para sí mismo) y un estupendo maestro en las ciencias y en las cosas cotidianas. El amor suele ser su punto débil, quizá porque ama demasiado.

BUEY DE MADERA

El Buey de madera es un escalador nato, un deportista resistente y hasta un artista o cantante reconocido, que siempre anda en busca de nuevas metas, aficiones, profesiones y aventuras, pero no es un veleta, porque todo se lo toma en serio. Piensa que en el amor y la guerra todo se vale, incluso fingirse enfermo, aunque después pierda el combate.

BUEY DE FUEGO

La fuerza de voluntad del Buey de fuego es incomparable, tanto en el ejército como en el deporte, en la salud o en la labranza. Si se lo propone, nada le frena ni nada le ata, y consigue recuperarse de cualquier caída como si fuera un milagro. Su pasión a veces no recibe la respuesta esperada, pero no se desalienta y sigue buscando a su alma gemela por montes, mares y valles.

Tampoco es lo mismo ser varón (Yang) que hembra (Yin):

BUEY YANG

El hombre Buey suele ser grande y robusto, de apariencia hosca pero un verdadero pan en su seno; firme, voluntarioso y poco amigo de presunciones y aspavientos: lo que es, es, y no hay vuelta de hoja. Su sinceridad a menudo le trae problemas, porque no sabe endulzar las cosas. Dice lo que piensa, y hace lo que dice. No es un solitario, pero prefiere apartarse del mundanal ruido. Es campesino natural.

BUEY YIN

La mujer Buey es más bien delgada y ósea, más fuerte de lo que parece y con cualidades físicas para el deporte y la danza. Inquieta por naturaleza, a menudo busca precisamente donde no hay nada, para luego recapacitar y encontrar lo que andaba buscando. Puede ser hosca y hasta hostil con la competencia, pero no suele albergar maldad en su alma. Su vida no es un camino de rosas.

Ni se expresan igual en la infancia y en la senectud:

BUEY EN LA INFANCIA YIN

Las niñas del signo del Buey pueden ser muy traviesas y aventureras, algo secas de carácter y críticas severas con lo que consideran malo, aunque bien saben perdonar los errores ajenos cuando la toman en cuenta y se disculpan o retractan. Siempre quiere enseñarle algo a los demás, como si fuera una pequeña maestra.

BUEY EN LA INFANCIA YANG

El niño Buey a menudo es distraído, pero también muy travieso, el típico niño que despanzurra sus juguetes o las muñecas de la hermana, y que se trepa a todo sin mirar las consecuencias. Alguna caída o fractura en la infancia no es cosa rara en él, y hasta le gusta presumir sus cicatrices de guerra. Hay veces que se pone serio y meditabundo, como si fuera una persona adulta.

BUEY EN LA JUVENTUD YIN

La juventud de la mujer Buey es algo complicada, ya sea por un mal ambiente familiar o por no saber cuál es su identidad, con enfrentamientos hacia la figura paterna, a la cual le gustaría corregir, pero no puede. No es raro que quiera hacerse monja o irse a vivir muy lejos de la familia, e incluso que quiera cambiar de identidad, para matar al pequeño demonio que lleva dentro.

BUEY EN LA JUVENTUD YANG

El joven Buey puede cometer muchos errores, tener tropiezos y desencuentros, pero sabe sacarles provecho, por regla general, y mejorar en muchos aspectos, pasando incluso de la marginalidad a una vida seria y ordenada. Puede tener talento musical, además de constructor, y hasta puede tropezarse con la fama o la fortuna, pero requiere de esfuerzo y madurez para conservarla.

BUEY EN LA MADUREZ YIN

Cuando madura, la mujer Buey se vuelve sabia, sobre todo si ha conseguido encontrar lo que buscaba o conseguir lo que deseaba. Los errores y los malos tragos enseñan, pero también tienen sus recompensas, como el saber actuar después de tanto fingir, o el de lograr un triunfo deportivo tras haber fracasado varias veces. La mujer Buey siempre tiene un as escondido en la manga.

BUEY EN LA MADUREZ YANG

Cuando madura el hombre Buey, cosa que a veces hace demasiado joven, se da cuenta de las veleidades del mundo que le rodea, y deja de preocuparse por nimiedades o convenciones sistémicas y sociales. Hace lo que tiene y debe hacer sin calentarse la cabeza ni el alma. También descubre que hay otros mundos, otras culturas y otras ideas que pueden serle más gratas que las que le rodean.

BUEY EN LA ANCIANIDAD YIN

La anciana Buey puede parecer dura, y en cierta

forma lo es, pues sabe que con fantasías y facilidades sin esfuerzo propio no se va a ninguna parte y se vive engañado todo la vida, por eso no consiente a nadie por mucho que lo ame, y habla con claridad de lo que es la vida. Suele ser muy longeva, casi centenaria, y a pesar de ello mantenerse en muy buena forma.

BUEY EN LA ANCIANIDAD YANG

El anciano Buey, a pesar de todos los cortes, caídas, torceduras, quemaduras, cortes y demás accidentes que ha tenido a lo largo de su vida, también puede llegar a ser especialmente longevo y con un carácter dulce y comprensivo, siempre sincero, pero no duro ni grosero, sino con su particular forma de ver y de hacer la vida, más dado a los demás que a sí mismo.

COMPATIBILIDADES DEL BUEY

El Buey no se lleva bien con todo el mundo, y es claro al decirlo, pero tolera casi a todos y cada uno de los signos a pesar de sus desencuentros. Con el tiempo llega a comprender que muchos de los defectos ajenos no son tan malos, y que muchas de las virtudes no eran más que conveniencias e hipocresía. La Cabra, el Gallo y el Conejo son su debilidad.

EN LA PERSONALIDAD

Es difícil encontrar quien refuerce la personalidad del Buey, porque casi es de una sola pieza, fuerte y resistente desde su niñez, pero el Dragón y el Tigre pueden darle algunas lecciones que le ayuden a superar sus propias deficiencias, y la Cabra y el Gallo pueden abrirle las puertas a otras formas de vida. Genio y figura.

El buey, genio y figura.

EN LOS NEGOCIOS

El Buey cobra por lo que sabe hacer, construir, reparar o remendar, por nada más, y si no hace algo es porque cree que no va a cobrarlo. Sabe negociar su trabajo, pero no le interesan las grandes empresas ni los grandes compromisos, pues siente que hacerlo sería venderse, y prefiere conseguir lo que consigue con sus propias manos o con su propio esfuerzo.

EN LAS RELACIONES FRATERNALES O FAMILIARES

El hombre Buey es del todo familiar, incluso si se hace monje o se retira a una ermita en busca de tranquila soledad y trabajo del campo, porque nunca deja de estar pendiente de los suyos para cuidarlos y proveerlos de todo aquello que les pudiera hacer falta. Es un buen hermano menor, pero aún un mejor hermano mayor. Lo da todo, sí, pero nunca se queda sin nada. El Buey, la Cabra y el Conejo son sus beneficiarios.

EN LA MATERNIDAD O PATERNIDAD

Si el hombre Buey es un buen hermano mayor, aún suele ser un mejor padre, que quizá no parezca cariñoso, pero que se desvive por su descendencia y está al pendiente de su desarrollo y evolución. La mujer Buey también cumple con su rol de madre, pero no hace aspavientos de ello ni se preocupa más de la cuenta, hace lo que debe hacer, y basta. La Serpiente, el Buey, la Cabra y el Tigre suelen ser su descendencia.

EN LA DIRECCIÓN Y EL MANDO

El hombre Buey sabe dirigir desde un taller de reparaciones hasta una pequeña empresa, o tener un puesto ejecutivo en la banca o el funcionariado, pero no sabe mandar del todo, y sus subalternos, la Serpiente y el Perro, suelen apreciarlo, pero no obedecerlo del todo. La hembra Buey sí sabe mandar y exigir, aunque sus subalternos, la Cabra y el Gallo, no le muestren mucho aprecio.

EN EL SERVICIO Y LA HOSPITALIDAD

A veces, el hombre Buey es servicial y otras veces es hospitalario, incluso si no le gusta nada servir ni se encuentra a gusto con la gente a la que le ha dado posada, porque para él la hospitalidad es un bien sagrado y obligado; deja claro lo que le gusta y lo que no le gusta, pero cumple. Por su parte, la mujer Buey prefiere que le sirvan y que las visitas se vayan pronto. La Cabra, el Conejo y el Tigre son visitas.

EN LA PAREJA

El hombre Buey es de pareja por convicción, no solo por obligación, convención, obligación o tradición, mientras que la mujer Buey lo es a pesar de todos los obstáculos que pueda encontrarse. La Serpiente, la Cabra, el Dragón y hasta el Perro le sirven en este campo, aunque no siempre sean todo lo compatibles que se espera.

EN LOS CAMBIOS Y LAS TRANSFORMACIONES

Al Buey no le importa transformarse en algo mejor, pero no es amigo de los cambios, aunque es capaz de afrontarlos y de superarlos. Prefiere su rutina y una vida apacible y tranquila, por eso a menudo choca con la Cabra y el Gallo, y ni el Cerdo ni el Conejo le convencen para nada. Aunque la vida sea una transformación y un cambio continuos, prefiere la línea directa y ascendente.

EN LOS ESTUDIOS Y LA ESPIRITUALIDAD

Muchas veces al Buey no le interesan para nada los estudios reglados, y si aprende a escribir y a leer en la escuela puede serle suficiente, entre otras cosas, porque posee una sabiduría y espiritualidad naturales y un entendimiento claro, además de ser un estupendo obrero, artesano, fontanero o electricista. Nada de esto le impide llegar a lo más alto y especializado de cualquier área. El Buey le acompaña.

EN EL TRABAJO

El Buey es un trabajador casi incansable, tanto,

que a menudo no comprende como alguien puede ganarse la vida sin trabajar con las manos. Incluso si trabaja con la cabeza o si es un intelectual, procurará tener un oficio o destreza manual. Es muy apreciado por su clientela y por los que mandan, sobre todo por la Rata, el Tigre y el Dragón.

El buey, un estupendo trabajador.

EN LA RAZÓN Y EN LA CIENCIA

El Buey puede ser muy razonable, incluso buscador de la verdad y de la razón, pero no especialmente científico, porque a pesar de su sabiduría natural y de sus habilidades intelectuales siempre hay algo místico, espiritual o mágico en su ser interno. También puede ser creyente y, sin embargo, ponerlo todo en duda o en sano y sincero cuestionamiento. El Buey, la Cabra y el Tigre le acompañan en este camino.

EN EL ARTE Y EL PLACER

Los placeres del Buey pueden ser muy sencillos, nada del otro mundo, y con muy pocos excesos incluso en su juventud, lo que no le impide ser sensible y apreciar una buena pintura o una impresionante obra de teatro, aunque se escandaliza por lo que cobran los famosos de las artes y la vida disipada que llevan. El Gallo y la Cabra le abren los ojos en este campo.

SALUD

Más que sanos, los nativos del Buey son resistentes, ya que no están exentos de los males del cuerpo, la mente y el alma, y tampoco de todo tipo de accidentes, sobre todo los varones. Desde los huesos hasta los ligamentos, las articulaciones y la fibra muscular, hasta los problemas identitarios, el estrés, la depresión y los problemas renales y estomacales son puntos débiles, y, sin embargo, suelen llegar más allá de la tercera edad con solidez y buena apariencia.

DINERO

De una u otra manera, las personas Buey se las arreglan para tener un poco más de la cuenta, tanto para asegurar su vejez como para repartir con su descendencia y con la gente a la que aprecian. Los hay que incluso llegan a ser millonarios, a tener fama y fortuna, reconocimiento público y privado, y su natural tendencia al altruismo, aunque pueden ser remisos y duros para gastos suntuarios. Saben perdonar las deudas, porque comprenden que en este mundo todo es prestado.

AMOR

Muchas personas nacidas el año del Buey experimentan y practican el amor a los demás sin ningún interés de ser recompensados de manera alguna. Esto no les impide ser sensuales, sexuales, apasionados y enamorados, con una clara tendencia a la vida familiar y a la monogamia, incluso cuando las condiciones sociales no son las mejores para lograrlo. A veces aman con dureza, pero aman.

"Si naciste el año del Buey y en el mes de enero, eres doblemente Buey."

Años del Buey
Y SU SIGNIFICADO GLOBAL

Cada ano del Buey hay una influencia general y global, incluso generacional, que afecta tanto personal como comunitariamente:

Del 25-01-1925 al 12-02-1926:
Buey de madera
Año de conducción hacia pensamientos más útiles, pero también más justos y bondadosos, aunque no sean del todo escuchados.

Del 11-02-1937 al 30-01-1938:
Buey de fuego
Año de conducción al despeñadero si no se atienden las señales de la Tierra y de los cielos. Tiempo de reflexión.

Del 29-01-1949 al 16-02-1950:
Buey de tierra
Año de conducción hacia la unión y el acuerdo global. Nuevos caminos para enfrentar la realidad.

Del 15-02-1961 al 04-02-1962:
Buey de metal
Año de conducción hacia el estudio, la espirituali-dad y el progreso. Nuevas formas de abarcar el pensamiento.

Del 03-02-1973 al 22-01-1974:
Buey de agua
Año de conducción hacia la mejora de las percep-ciones y de los sentimientos. Las emociones positi-vas como método de mejora universal.

Del 20-02-1985 al 08-02-1986:
Buey de madera
Año de conducción hacia la construcción de nue-vos modelos de habitar el planeta y de conservarlo.

Del 07-02-1997 al 27-01-1998:
Buey de fuego
Año de conducción hacia el mantenimiento de la mente, el alma y el cuerpo, tanto a nivel personal como global. Reencuentro con las tradiciones positivas.

Del 26-01-2009 al 13-02-2010:
Buey de tierra
Año de conducción hacia el entendimiento entre razas, culturas y creencias, para superar lo falso y abrazar lo verdadero. Camino difícil e incierto.

Del 12-02-2021 al 31-01-2022:
Buey de metal
Año de conducción hacia la reinstauración de la salud del planeta y de la gente, a pesar de lo largo del camino. Las tradiciones negativas se van dilu-yendo.

XII
La mente feroz del Tigre

Para aquellas personas nacidas en los años:
1926, 1938, 1950, 1962, 1974,
1986, 1998, 2010, 2022, 2034

Mes de correspondencia: Febrero
Elemento base: Madera

> *Ten cuidado,*
> *porque quien está destinado*
> *a medrar y a cazar,*
> *a veces termina*
> *en el circo, el zoológico*
> *o muerto.*

No todos los Tigres tienen las mismas características, porque cada elemento, fase o movimiento afecta de manera distinta lo que será su nacimiento y su vida en este orbe, lo que sucede cada 60 años para que un elemento y sus características se repitan.

Hay un Tigre de tierra.
Hay un Tigre de metal.
Hay un Tigre de agua.

191

HAY UN TIGRE DE MADERA.
HAY UN TIGRE DE FUEGO.

寅虎

Cada uno de ellos tiene sus propias fechas de nacimiento:

-Del 13-02-1926 al 01-02-1927: Tigre de fuego.
-Del 31-01-1938 al 18-02-1939: Tigre de tierra.
-Del 17-02-1950 al 05-02-1951: Tigre de metal.
-Del 05-02-1962 al 24-01-1963: Tigre de agua.

-Del 23-01-1974 al 10-02-1975: Tigre de madera.
-Del 09-02-1986 al 28-01-1987: Tigre de fuego.
-Del 28-01-1998 al 15-02-1999: Tigre de tierra.
-Del 14-02-2010 al 02-02-2011: Tigre de metal.
-Del 01-02-2022 al 21-01-2023: Tigre de agua.

Veamos qué significa cada uno de ellos:

TIGRE DE TIERRA

El Tigre de tierra suele ser el filósofo del horóscopo chino, algo excéntrico y hasta apático con el mundo que le rodea, pero con un volcán de pasiones en su ser interno que más de una vez le lleva a trocar amor por conocimiento. A veces pasa desapercibido para los demás, pues poca gente le comprende, o se mantiene en un discreto segundo plano, siendo el asesor o consejero ideal.

TIGRE DE METAL

Siempre revolucionario y con una clara visión de futuro, el Tigre de metal nació para cambiar el pensamiento, la ciencia, la tecnología y hasta las relaciones humanas y sociales, e incluso las estructuras políticas, sistémicas y gubernamentales. Activista, empático, ecologista y humanista, que no siempre corre la mejor de las suertes.

TIGRE DE AGUA

El Tigre de agua todo lo anota, todo lo escribe, todo lo lee, todo lo plasma, todo lo dibuja y todo lo pinta, para dejarlo patente y bien impreso en la memoria propia y ajena. Por lo demás, prefiere mantenerse al margen de los placeres y los dolores de la vida, cubriéndose con una capa de indiferencia para no sufrir demasiado.

TIGRE DE MADERA

La madera es el elemento base del Tigre, por lo que es un arquitecto natural de nacimiento, diseñando la utopía y nutriéndose de las tradiciones más añejas. También es un arqueólogo consumado, que tiene muchas preguntas y muy pocas respuestas. Allá donde esté el misterio irá, para intentar desentrañarlo.

TIGRE DE FUEGO

El más apasionado de los nacidos bajo el signo del Tigre, incluso algo cruel y depredador, con gustos fuera de lo común y ansias de darle la vuelta al mundo, ya sea como viajero, como pensador o incluso como soldado. Curiosamente, también puede caer en la pereza y dejarse llevar por el entorno sin miramientos.

Tampoco es lo mismo ser varón (Yang) que hembra (Yin):

TIGRE YANG

El hombre Tigre tiene mucho de los cinco elementos, como capas de cebolla de su comportamiento, por lo que unos días se levanta alegre y desenfadado, y otros como un verdadero guerrero dispuesto a poner de cabeza este mundo absurdo. Es tan soñador y amante de la ciencia ficción como del arte y de la campesina tranquilidad del mundo agropecuario.

TIGRE YIN

La mujer Tigre puede ser pequeña, pero es un verdadero sargento, cuando no general, llena de do-

194

nes y de dotes, incluso de belleza física; a menudo cree que cambiando ella todo va a cambiar en el universo. Activa e independiente, pero siempre algo desconfiada, pues piensa que los demás son tan cazadores o depredadores como ella.

Ni se expresan igual en la infancia y en la senectud:

TIGRE EN LA INFANCIA YIN

Las niñas Tigre son especiales, imaginativas, danzarinas, soñadoras que piensan en el cielo o el extranjero, aunque ni siquiera sepan qué es eso. Pueden parecer frágiles y cariñosas, pero son menos sensibles de lo que se pueda imaginar, pues ese cariño y fragilidad son, en realidad, estrategias de supervivencia.

TIGRE EN LA INFANCIA YANG

El niño Tigre puede ser algo rijoso e incluso violento con los otros niños, sobre todo con sus hermanos, y sus juegos algo peligrosos y salvajes, como si se estuviera entrenando para la guerra o para un mundo apocalíptico. Quiere ser mayor antes de tiempo, y eso lo hace muy responsable en algunos aspectos. Su suerte no suele ser la más deseable del universo.

TIGRE EN LA JUVENTUD YIN

La joven Tigre es una extensión de su propia infancia, rebelde en muchos aspectos, pero metódica y estratega casi militar en otros. Sigue siendo desconfiada, lo mismo que una depredadora nata, capaz de las más alocadas aventuras aunque no tenga edad para ellas. Lo que le sirve, lo atesora, lo que no le sirve, lo desecha, y se atreve casi con todo para lograr su libertad y su independencia.

TIGRE EN LA JUVENTUD YANG

El joven Tigre bascula entre la revolución, la lucha diaria y la aceptación del mundo que le rodea. Ya tiene en mente el mundo en el que le gustaría vivir, pero el ambiente que le rodea le ahoga y le aparta de sus sueños. Suele caer en trampas de lo más manidas, incluso si alguien le advierte de su presencia para que no caiga en ellas. Durante años no sabe muy bien dónde se encuentra.

TIGRE EN LA MADUREZ YIN

La hembra Tigre se suma a todo aquello que cree positivo, rompedor y diferente, sobre todo en el campo del arte o del activismo. Es una buena y capaz dirigente, con una mente aguda y despierta, siempre alerta a las trampas que puedan ponerle los demás o la misma vida. A menudo se rebela contra su familia y da el salto a una nueva experiencia, y no da marcha atrás incluso si esa experiencia no es buena.

TIGRE EN LA MADUREZ YANG

Tras muchas luchas, lecturas, pensamientos, intentos de diversos negocios, batallas ganadas y perdidas, el varón Tigre se asienta, a veces por lucidez de pensamiento, y otras veces simplemente porque descubre la inutilidad y lo fútil de la existencia y de la vida en esta tierra. No es indiferente a lo que pasa, pero ya no actúa ni a favor ni en contra, solo lo piensa.

TIGRE EN LA ANCIANIDAD YIN

La anciana Tigre puede llegar vieja y desdentada a esta edad, pero nunca vencida, pues de una u otra forma seguirá luchando por lo que hace y por lo que piensa, incluso si es perfectamente consciente de que está equivocada. Se deja querer por quien la soporta, la quiere o la mantiene, y de los demás se aleja.

TIGRE EN LA ANCIANIDAD YANG

El hombre Tigre llega a la ancianidad lleno de achaques, y quizá pensando que todos sus conocimientos y lecturas no le han servido de mucho, pues el entorno inmediato, familiar o hasta el más lejano no son propicios para sus utopías y sueños; por eso se deja llevar y se vuelve más cariñoso y tierno de lo que nadie pudiera pensar. Todo tiene su lugar y su momento.

COMPATIBILIDADES DEL TIGRE

El Tigre no es nada fácil de llevar, pero suele ser compatible con el Caballo y el Perro, solo puntualmente con la Rata y el Buey, y para ciertas diversiones y trasgresiones con la Serpiente y la Cabra, pero nada más, porque el resto del mundo y de los signos a menudo apenas si existen para él.

EN LA PERSONALIDAD

Para comprender al Tigre hay que tomarse su tiempo, porque aunque es un filósofo natural, no le gusta lo rudo ni lo pobre, aunque dice apoyarlo, porque en realidad adora los lujos y la buena mesa, junto con la gente rica y poderosa, si bien es cierto que tolera las viandas populares y la compañía de los excéntricos. La Rata y el Buey lo acompañan en este terreno.

EN LOS NEGOCIOS

El Tigre no es un gran negociante, pero a veces lo intenta por las necesidades de la vida diaria o por la urgencia del momento. Puede vender ilusiones y medicamentos normales o milagrosos, pero nunca está de acuerdo con ellos. Suele tener suerte y buenas o excelentes relaciones que lo protegen y ayudan, pero mala suerte en muchos otros aspectos. Hace lo que puede y no exactamente lo que debe. Tigre, Rata, Buey y Conejo.

EN LAS RELACIONES FRATERNALES O FAMILIARES

A menudo, el Tigre se ve en la dolorosa obligación de hacer el papel de hermano mayor que protege a sus hermanos, obedece a sus padres y se encarga de las gestiones del hogar, pero en cuanto tiene la oportunidad sale corriendo y se escapa a cualquier lugar que esté muy lejos de la familia. Quizá luego vuelve, pero ya no tiene ese peso. Cabra, Perro, Mono, Caballo y Conejo.

EN LA MATERNIDAD O PATERNIDAD

El Tigre puede llegar a ser un buen padre o madre con el tiempo, una vez no sufra la urgencia de las pasiones contra las obligaciones del momento. Cumple con lo indispensable, pero es capaz de abandonar o dejar ir a sus descendientes para encontrarse de nuevo con ellos en mejor momento. No sufre de maldad ni tiene mala conciencia por hacerlo, simplemente sufre de desapego. Caballo y Perro.

EN LA DIRECCIÓN Y EL MANDO

El Tigre tiene todos los dones y dotes necesarios para dirigir a los demás, tanto en lo empresarial como en lo institucional y lo político, y a veces lo hace, pero no le gusta hacerlo, por eso no es raro que deje pasar oportunidades que parecían muy buenas y se dedique a sufrir su propia independencia. La mujer Tigre ni siquiera se lo cuestiona, porque muy a menudo prefiere ser del todo dependiente, tanto mantenida como dirigiendo una empresa. Rata, Buey, Tigre y Dragón.

EN EL SERVICIO Y LA HOSPITALIDAD

El Tigre, como buen cazador que es, a menudo utiliza la hospitalidad y el servicio para envolver y atrapar a su presa, si no, ni se acuerda de recibir o de servir a nadie más que no sea a él o a ella misma. Eso sí, le encanta que le sirvan y lo atiendan en los más altos círculos sociales o en los puestos de la calle. Con la familia a veces cede y se comporta como debe, pero no lo hace frecuentemente. El Caballo.

El tigre, dominado por su pareja.

EN LA PAREJA

El hombre Tigre puede llegar a ser domado por la pareja, a la que aprende a querer con el paso del tiempo, no sin antes haber pasado una que otra mala experiencia en el amor y la pareja; mientras que la mujer Tigre se quiere siempre más a sí misma que a los demás, y nunca se compromete más de la cuenta, ni siquiera con la pareja más amorosa y atenta. Odia ser cazada o superada por su pareja. El Caballo.

EN LOS CAMBIOS Y LAS TRANSFORMACIONES

Muchos de los cambios en la vida del Tigre suelen ser dramáticos o trágicos desde su más tierna infancia, y a lo largo de la vida suele enfrentarse de vez en cuando a los peligros de esta existencia, como si de verdad estuviera en la selva. La capacidad de transformarse llega con el tiempo y la madurez, más en él que en ella, generalmente para bien. El Cerdo y la Rata.

EN LOS ESTUDIOS Y LA ESPIRITUALIDAD

El Tigre puede ser, y de hecho es, muy estudioso, pero la espiritualidad se le escapa por momentos, ya sea porque le asaltan las dudas o porque confunde la espiritualidad con la religión, la creencia supina o el fanatismo. Tiene momentos de iluminación, y a menudo es el más adelantado de la clase, pero no acaba de sentirse cómodo y puede abandonar los estudios en cualquier momento. El Buey.

EN EL TRABAJO

Si se le da la oportunidad en un buen nivel de ganancias y reconocimiento, el Tigre puede ser un valioso consejero, colaborador y hasta trabajador.

También es eficiente en los trabajos y empleos que le dan cierta independencia y libertad de decisión y movimiento, como encerrado en un laboratorio sin que nadie lo moleste. Trabajar no es lo suyo, pero lo hace generalmente bien si no hay más remedio, porque en realidad lo suyo es cazar. La Cabra y el Tigre.

Independencia y libertad para trabajar (cazar).

EN LA RAZÓN Y EN LA CIENCIA

En el Tigre bien pueden unirse la razón y la ciencia, y, aunque parezca poco intuitivo, también el más crudo y sarcástico humor, pues a menudo descubren que nada es lo que parece, y hasta la ciencia y la razón tienen sus puntos débiles y carecen de la consistencia que ofrecen, e incluso engañan descaradamente. El Tigre y la Cabra.

EN EL ARTE Y EL PLACER

A pesar de su aparente sequedad, indiferencia y apatía, el Tigre es un gran hedonista que suele gustar de los más refinados placeres y de las más atrevidas trasgresiones. Normalmente come lo que caza y disfruta con el riesgo, pero eso no le quita ni un gramo de sensibilidad para el arte y el placer, sobre todo si son exquisitos y elevados. Casi todos los signos le acompañan en este rubro, sobre todo el Mono y el Gallo.

SALUD

El Tigre suele llenarse de achaques de todo tipo con el paso de los años, desde la próstata hasta el corazón, pasando por los cinco sentidos, la piel, los nervios y el sistema nervioso central, además de los leves accidentes y contratiempos de orden emocional que le acechan paso a paso. Sin embargo, dura más de lo que él mismo esperaba en esta vida.

DINERO

El Tigre, aunque a veces parezca laxo y poco interesado en los bienes materiales, es un cazador nato, siempre al acecho, si no del dinero propiamente dicho, sí de las buenas presas para cubrir sus necesidades y sus deseos. Puede vivir como un santón o una monja, pero no desprecia nada de los lujos y lo bueno. No hay problema, sus presas siempre proveerán.

AMOR

Apasionado, aunque sea en secreto o bajo el disfraz de la discreción, constante en la caza de lo que pretende, y también con la capacidad para salir corriendo si la caza no es lo que esperaba. Por otra parte, tiene un gran sentido gregario, más que de pareja, y es capaz de odiar o de amar al mundo entero. Con la edad acepta más o menos de buen grado lo que ha cazado en este terreno.

"Si naciste el año del Tigre y en el mes de febrero, eres doblemente Tigre."

Años del Tigre
Y SU SIGNIFICADO GLOBAL

Cada año del Tigre hay una influencia general y global, incluso generacional, que afecta tanto personal como comunitariamente, por lo que hay que salir a cazar, pero sin dejar de seguir sus sabios consejos:

Del 13-02-1926 al 01-02-1927:
Tigre de fuego
Año de revoluciones sociales con buenas intenciones, pero con resultados que a menudo son inversos.

Del 31-01-1938 al 18-02-1939:
Tigre de tierra
Año de ambiciones y de malos consejos, con recrudecimiento en los dramas y las tragedias. Incremento de la violencia.

Del 17-02-1950 al 05-02-1951:
Tigre de metal
Año de buenos y útiles consejos ante ambiciones de mando, hegemonía y poder que no cesan a pesar de los lamentos.

Del 05-02-1962 al 24-01-1963:
Tigre de agua
Año de apostar por las buenas intenciones, los valores, la ética, la moral y los buenos sentimientos, a través del arte y de la música popular.

Del 23-01-1974 al 10-02-1975:
Tigre de madera
Año de levantar nuevas estructuras físicas y psíquicas para construir un mundo más seguro y más duradero.

Del 09-02-1986 al 28-01-1987:
Tigre de fuego
Año de buenas intenciones, sanos consejos y mejores deseos, que buena parte de la humanidad se niega a escuchar, y mucho menos a seguir. Difícil caza.

Del 28-01-1998 al 15-02-1999:
Tigre de tierra
Año de mirar hacia el lado sustentable del planeta, con mejoras científicas y tecnológicas en la producción de alimentos. Descubrimientos.

Del 14-02-2010 al 02-02-2011:
Tigre de metal
Año de escarbar dentro del alma y de la Tierra, de cambiar los errores del pasado y crear nuevos paradigmas positivos. Reencuentro con el más lejano pasado.

Del 01-02-2022 al 21-01-2023:
Tigre de agua
Año de darle importancia a lo que verdaderamente importa, dejando de lado lo superficial, con el amor como instrumento. Visión positiva de un gran futuro.

XIII
EL HERMOSO ARTE DEL CONEJO

PARA AQUELLAS PERSONAS NACIDAS EN LOS AÑOS:
**1927, 1939, 1951, 1963, 1975,
1987, 1999, 2011, 2023, 2035**

MES DE CORRESPONDENCIA: MARZO
ELEMENTO BASE: MADERA

> *Hay armas de amor,*
> *tentación y anhelo,*
> *más poderosas*
> *que las guerras divinas*
> *de los cielos.*

No todos los Conejos, Liebres o Gatos son lo mismo, porque cada uno de los cinco elementos, fases o movimientos afecta de manera distinta lo que será su nacimiento y su vida en este orbe para las personas Conejo. Solo cada 60 años se repite un mismo elemento en cada signo, y cada doce años hay un cambio de elemento, por tanto:

HAY UN CONEJO DE TIERRA.
HAY UN CONEJO DE METAL.
HAY UN CONEJO DE AGUA.

HAY UN CONEJO DE MADERA.
HAY UN CONEJO DE FUEGO.

卯兔

Y cada uno de ellos tiene sus propias fechas de nacimiento:

-Del 02-02-1927 al 22-01-1928: Conejo de fuego.
-Del 19-02-1939 al 07-02-1940: Conejo de tierra.
-Del 06-02-1951 al 26-01-1952: Conejo de metal.
-Del 25-01-1963 al 12-02-1964: Conejo de agua.

-Del 11-02-1975 al 30-01-1976: Conejo de madera.

-Del 29-01-1987 al 16-02-1988: Conejo de fuego.

-Del 16-02-1999 al 04-02-2000: Conejo de tierra.

-Del 03-02-2011 al 22-01-2012: Conejo de metal.

-Del 21-01-2023 al 09-02-2024: Conejo de agua.

Veamos qué significa cada uno de ellos:

CONEJO DE TIERRA

Suele ser un conejo muy afable y campirano, a veces sonriente y otras veces meditando, con una especial sensibilidad para la música y una gran capacidad para ayudar a los más necesitados. Es un poco invasivo con el espacio, pues le gusta participar y estar presente en todos lados.

CONEJO DE METAL

Es un Conejo más serio y más adusto, algo misterioso, pues nunca se sabe lo que está pensando, y no es que esconda sus sentimientos, sino que vive en otro mundo mental y se desconecta fácilmente del entorno y las personas que lo rodean. Le gusta concentrarse y trabajar con las manos, tocar un instrumento o cocinar, olvidándose de todo lo demás.

CONEJO DE AGUA

Para unos es el Conejo más afable y amable, pero para otros es algo malicioso, pervertido y hasta malvado; en ambos casos es extremadamente sensible, con el amor y el enamoramiento a flor de piel, por lo que a menudo es dramático y algo exagerado en sus relaciones, algo celoso y posesivo, lo que no le impide ser una especie de genio en sus creaciones.

CONEJO DE MADERA

El Conejo de madera intenta hacer todo lo más correctamente posible, por lo que se impone férreas disciplinas y no se permite fallos ni descalabros. Si ha de ser bueno, es lo más bondadoso posible; y si ha de ser guerrero, es un luchador implacable con sus oponentes. La castidad no es lo suyo, pero puede lograrlo imponiéndose restricciones a sí mismo, hasta que la pasión lo vence.

CONEJO DE FUEGO

No hay Conejo que no sea apasionado, pero el de fuego lo es hasta el desmayo en todos los planos de la vida, por eso a menudo es el mejor consejero, el mejor ejemplo y hasta el más destacado en las artes y las ciencias. A pesar de eso, no suele provocar envidias, pues es agradable, simpático, sincero y siempre dispuesto a luchar en favor de los más necesitados.

El conejo, siempre ayuda a los demás.

Tampoco es lo mismo ser varón (Yang) que hembra (Yin):

CONEJO YANG

El hombre Conejo es a menudo muy diplomático, pero no tímido, solo que intenta evitar el conflicto al máximo. Aunque, si no hay más remedio, lucha y se defiende con fiereza. Es de carácter artístico y sensible, humanitario y generoso, pero eso no le impide saltar hacia las grandes empresas y conseguir grandes gestas.

CONEJO YIN

Cuentan y dicen que la mujer Conejo es más peligrosa que el hombre del mismo signo, pues cuando algo se le pone entre ceja y ceja es capaz de perseguirlo hasta el fin del mundo; si lo consigue, muy bien, pero si no lo consigue es capaz de destruirlo. A pesar de todo, también rezuma arte e inteligencia.

Ni se expresan igual en la infancia y en la senectud:

CONEJO EN LA INFANCIA YIN

La niña Conejo es muy precoz y emocional, tanto sensual como sentimentalmente, y puede enamorarse o trasgredir las normas desde muy temprana edad. También es muy perspicaz, capaz de descubrir las debilidades o los errores de otra gente y, por supuesto, aprovecharse de ello. Nada de eso le quita encanto ni atractivo, y mucho menos prestancia y fortaleza.

CONEJO EN LA INFANCIA YANG

El niño Conejo, también sensual y sensible, es menos activo y menos agresivo, y mucho menos perspicaz. No es raro que a menudo se esté quejando de lo que no entiende y de lo que no le parece. Ya tiene algunos dones musicales, artísticos o intelectuales, pero le cuesta mucho expresarlos si no se le alienta. Por supuesto, es tierno y aparentemente necesitado de cariño y ayuda, aunque ya lo tenga.

CONEJO EN LA JUVENTUD YIN

La joven Conejo intenta volverse aguda y consejera, a pesar de su inmadurez y desconocimiento real de la vida, pero no es su culpa el desacierto ajeno, sino de quienes le hacen caso. La sensibilidad y la sensualidad van en aumento, lo mismo que sus dones y cualidades intelectuales y artísticas. Se queja de todos los males que descubre y encuentra, pero por dentro es de una sola pieza.

CONEJO EN LA JUVENTUD YANG

El joven Conejo cambia mucho de la infancia a la juventud, tanto, que a veces no se parece en nada a sí mismo. Madura antes de tiempo, y lo que antes eran quejas y lloros ahora son silencios y certezas. Puede seguir el camino del arte, la danza y la música, pero a menudo carece de disciplina y hace cualquier otra cosa menos exigente y más placentera.

CONEJO EN LA MADUREZ YIN

Con la madurez, la mujer Conejo deja atrás algo de sus dramas primarios, se asienta en lo familiar o en lo profesional, y vive otro tipo de dramas y novelas, como ser la tía preferida o la amiga que soluciona todos los males, brujerías y problemas, o incluso la eterna amante de un amor prohibido o casado.

Conejo en la madurez Yang

Cuentan y dicen que el hombre Conejo nunca se asienta: aunque se case y tenga cinco hijos, su cabeza vuela hacia otro lado. Muchos de sus dones y talentos se convierten más en un refugio personal que en una profesión. Es posible que viva personalmente un drama o una tragedia que le marque de por vida, o que le amargue la existencia, pero el tiempo todo lo cura y finalmente se recupera.

Conejo en la ancianidad Yin

La mujer Conejo puede llegar a ser una abuelita de cuento, o una especie de general que manda y ordena a los que la rodean, todo depende de su estado de ánimo y de los traumas amorosos que acarree hasta la ancianidad. Por lo demás, y a pesar de los problemas hepáticos y reales, la generosidad y el afecto le ganan para con su descendencia.

Conejo en la ancianidad Yang

Tierno y afable hasta el final, a pesar de los dolores, las nostalgias, los dramas y pesares de la vida, el anciano Conejo procurará tenerlo todo en orden para solucionarle la vida a sus hijos, nietos, sobrinos, amigos o cualquier tipo de descendencia, incluidas las mascotas, para que el vivir y pasar tantos tragos dulces y amargos haya valido la pena.

Compatibilidades del Conejo

Aunque personalmente a veces se lo pase mal, o muy mal, el Conejo intentará ser amable y afable con la gente que le rodea, incluso procurándoles ayuda o placer de manera contante y sonante, por lo que casi es compatible con todos, aunque con la Cabra y el Gallo puede tener sus conflictos, desacuerdos, roturas del corazón y grandes diferencias.

EN LA PERSONALIDAD

La Rata y el Buey, como grandes directores de orquesta, fortalecen la personalidad del Conejo; y el Tigre, junto con el Caballo, pueden enseñarle a ser un buen médico o un buen consejero. A cambio de ello, el Conejo intentará hacerles más grata la vida de una u otra manera.

EN LOS NEGOCIOS

Desde la mendicidad a la banca, y desde la marginalidad a las grandes industrias y empresas, el Conejo será de lo más habilidoso, aunque en el aspecto de comprar y vender necesitará socios más astutos, como el Caballo y la Rata. Por supuesto, y aunque la Cabra no le sea muy conveniente a largo plazo, sí puede abrirle las puertas del arte, la danza, la música y la fama.

EN LAS RELACIONES FRATERNALES O FAMILIARES

Tanto de lejos como de cerca, el Conejo será una persona familiar y tradicional en cuanto a las relaciones fraternales, a veces demasiado cercanas, pues de no estar prohibido, podría casarse con una de sus hermanas o hermanos. En la familia encuentra la comprensión a su personalidad compleja y complicada, afable por fuera y tremenda por dentro. El Dragón, el Tigre y la Serpiente le acompañan.

EN LA MATERNIDAD O PATERNIDAD

Se dice en las leyendas chinas que la madre Conejo es capaz de comerse a sus gazapos si no salen como ella esperaba, si bien es cierto que al primogénito a veces lo tiene casi con magia, pues le cuesta quedar embarazada. El padre Conejo pasa por otros dramas pero suele ser un buen padre, sensible, sí, pero severo y enérgico en muchos casos. La Cabra, el Cerdo y el Conejo están en su descendencia.

EN LA DIRECCIÓN Y EL MANDO

Ambos son capaces de mandar y dirigir, desde un grupo de danza o teatro hasta una multinacional bancaria, una residencia de ancianos, una ONG o un hospital; ellas algo tiranas, sobre todo en sus inicios, y ellos de una forma más afable, pero ambos siempre atentos y con la astucia y malicia necesarias para triunfar. La Rata, el Tigre y el Buey serán buenos consejeros y comparsas.

El conejo, siempre atento y alerta.

EN EL SERVICIO Y LA HOSPITALIDAD

El Conejo suele ser tan servicial como hospitalario, incluso con las personas más necesitadas, sin dejar de lado a los amigos y a los parientes cercanos o lejanos, pues le encanta ofrecer su casa como si fuera un palacio, aunque solo sea una choza en la montaña. Interiormente, sabe lo que es el sufrimiento y no le gustan para nada ni el abandono ni la soledad. Pocos signos lo emulan o lo acompañan.

EN LA PAREJA

La Oveja, o Cabra, puede ser la pareja ideal del Conejo para un matrimonio, sea este arreglado o por enamoramiento, pues pueden complementarse perfectamente tanto en la pasión como en la formación de una familia y en la vida diaria. El Cerdo tampoco es mala pareja, siempre y cuando las pasiones y las trasgresiones propias de los amantes y las concubinas se dejen de lado.

EN LOS CAMBIOS Y LAS TRANSFORMACIONES

Los cambios en la vida del Conejo suelen ser dolorosos o dramáticos, incluso aquellos que a otros signos no les parecen la gran cosa. Sus transformaciones son como partos, y aunque pueden ser para mejorar, le cuesta un tiempo asimilarlos y aceptarlos. El Tigre y el Dragón pueden comprenderlo, pero nunca el Caballo, aunque pase por las mismas situaciones, y mucho menos la Cabra.

EN LOS ESTUDIOS Y LA ESPIRITUALIDAD

El Conejo tiene verdaderas epifanías y momentos de gran espiritualidad, aunque su cuerpo y sus hormonas están muy apegados a la tierra y a los placeres de la vida; también puede ser un buen y dedicado estudiante, constante y disciplinado, que saca su carrera adelante, aunque le tienten la pereza y la buena vida. El Tigre y el Cerdo son sus aliados en este terreno.

EN EL TRABAJO

El Conejo suele ser un buen compañero de trabajo, algo raro y hasta dramático y temperamental en algunos casos, pero siempre colaborador y responsable. No importa si no ha dormido por esas cosas raras de la vida, pero no faltará a sus responsabilidades laborales ni por asomo. Sabe compartir y apoyar en las buenas y en las malas. La Serpiente y el Cerdo saben apreciarlo.

EN LA RAZÓN Y EN LA CIENCIA

El conejo puede ser un prestigioso científico, buen investigador y desarrollador de toda clase de proyectos. La tecnología no es lo suyo, pero puede aprender a manejarse en este terreno. Incluso en la física y en las matemáticas puede hacer un buen papel, y en la medicina por descontado, pero no es muy razonable, o no del todo, porque es creyente y a menudo deja en las manos de los dioses el resultado. Tigre, Rata y Buey son compatibles en esta área.

EN EL ARTE Y EL PLACER

Se supone que el arte y el placer que este produce, junto con otros placeres más terrenos, son uno de los puntos fuertes del Conejo, tanto para darlos como para recibirlos y apreciarlos. Existe el peligro de las adicciones, los vicios y toda clase de dependencias y excesos en este apartado, pero el Conejo suele superarlos a pesar de haber caído en ellos. La Cabra es una mala compañía.

SALUD

El Conejo puede parecer de lo más saludable, pues tiene un metabolismo acelerado que le permite realizar toda clase de ejercicios, perezas y movimientos, pero su hígado y sus maltratados pies y sus rodillas en equis, incluso sin dedicarse a la danza o a las largas caminatas, pueden jugarle malas pasadas y envejecerle antes de tiempo.

DINERO

El Conejo puede vivir en la completa indigencia, sin nada en los bolsillos, sin casa y sin techo, y a pesar de ello sobrevivir, e incluso tener ganancias cuando aprende y conoce el movimiento; de la misma manera que puede vivir entre oropeles, con fama, abundancia y rodeado de dinero, sin dejar de ser quien es, con las mismas virtudes y los mismos defectos.

AMOR

Con el amor hemos topado, que en el caso del Conejo puede construir castillos, pueblos y ciudades, pero también derrumbes, destrucción y deshielos, porque no es raro que se aferre a lo que anhela, desea o quiere, ni tampoco es raro que sufra los más terribles ataques de inseguridad, posesividad y celos. Todo un drama que el Conejo vive y vibra con intensidad, aunque que a veces prefiere a un amor seguro, tranquilo y verdadero. Eso sí, ama a la humanidad y a los desheredados con hechos y no con aspavientos.

"Si naciste el año del Conejo y en el mes de marzo, eres doblemente Conejo."

AÑOS DEL CONEJO
Y SU SIGNIFICADO GLOBAL

Cada año del Conejo hay una influencia general

y global, incluso generacional, que afecta tanto personal como comunitariamente:

Del 02-02-1927 al 22-01-1928:
Conejo de fuego
Año de intercambios y de mejoras sociales para los mujeres, con placeres y tentaciones difíciles de evitar.

Del 19-02-1939 al 07-02-1940:
Conejo de tierra
Año de peligros y tormentas a nivel global, muchas de las torres levantadas caerán.

Del 06-02-1951 al 26-01-1952:
Conejo de metal
Año de recuperación y de juicios importantes, también de invasiones o de ocupación de territorios.

Del 25-01-1963 al 12-02-1964:
Conejo de agua
Año de inicio de obras y de celebrar triunfos globales, con fomento de ideas sobre la salud que se harán globales.

Del 11-02-1975 al 30-01-1976:
Conejo de madera
Año de rescates y de recuperación del ánimo festivo a nivel global, con represiones a nivel local.

Del 29-01-1987 al 16-02-1988:
Conejo de fuego
Año de dramas, tragedias y pasiones, la gente de todo el mundo estará muy susceptible y emocional.

Del 16-02-1999 al 04-02-2000:
Conejo de tierra

Año de visiones y vaticinios, en el que los más terribles nunca llegan a cumplirse. La magia impera.

Del 03-02-2011 al 22-01-2012:
Conejo de metal

Año de dificultades industriales y empresariales, sobre todo para los monopolios y las grandes empresas.

Del 21-01-2023 al 09-02-2024:
Conejo de agua

Año que empieza con sequías, pero que termina con aguas. Un grado de aumento en la conciencia global.

Conclusión:
Los divinos dones que hay en ti

Eres polvo de estrellas,
por eso en ti hay luz,
energía, amor y paciencia,
los maravillosos dones
de la conciencia.

T'sao Chan

Ya fuera Buda, los astros, los signos chinos, o lo que sea, lo cierto es que la humanidad, a pesar de los pesares, está llena de dones en su mayoría, y solo unos pocos serán los condenados, en una pirámide inversa a lo que social, política y económicamente nos tienen acostumbrados.

Como dijeron Mazda, Horus, Mitra, Krishna, Buda y Cristo, entre muchos otros: "Los últimos serán los primeros", y el Nirvana y el Reino de los Cielos serán para la inmensa mayoría de seres humanos que hoy en día no son más que carne de cañón o una especie de esclavos modernos al servicio de gente rica y poderosa, pero sin corazón.

-Si naciste bajo el signo de la Rata (Sagitario) por mes o por año, tienes el don de la astucia.

219

-Si naciste bajo el signo del Buey (Capricornio) por mes o por año, tienes el don del ascenso.

-Si naciste bajo el signo del Tigre (Acuario) por mes o por año, tienes el don de pensar.

-Si naciste bajo el signo del Conejo (Piscis) por mes o por año, tienes el don de sentir y de amar.

-Si naciste bajo el signo del Dragón (Aries) por mes o por año, tienes el don de sembrar.

-Si naciste bajo el signo de la Serpiente (Tauro) por mes o por año, tienes el gran don de crear.

-Si naciste bajo el signo del Caballo (Géminis) por mes o por año, tienes el don de sanar a los demás.

-Si naciste bajo el signo de la Cabra (Cáncer) por mes o por año, tienes el don de la maternidad o la paternidad.

-Si naciste bajo el signo del Mono (Leo) por mes o por año, tienes el don de dirigir y de mandar.

-Si naciste bajo el signo del Gallo (Virgo) por mes o por año, tienes el don de atraer y brillar.

-Si naciste bajo el signo del Perro (Libra) por mes o por año, tienes el don de la fidelidad y la lealtad.

-Si naciste bajo el signo del Cerdo (Escorpio) por mes o por año, tienes el don de la imaginación y la tenacidad.

El horóscopo chino tiene cierta relación y compatibilidad con la astrología occidental, porque, al fin y al cabo, todos somos hijos de las estrellas, pero con sus peculiaridades culturales, algunas más realistas de lo esperado, y señalando los dones a los que no debe renunciar cada signo, que puede compartir con otros, pero que en realidad son exclusivamente suyos y no debe negarlos ni rechazarlos si quiere tener una vida plena y feliz.

"Negar los dones que te han dado en tu nacimiento es como negar el regalo mismo de la vida", nos dice T'sao Chan.

Disfruta, pues, de ellos, no los niegues ni los escondas, no huyas de ellos, no permitas que otras voces silencien la tuya, no dejes que la pereza, la abundancia, la carencia, el poder o la debilidad te desvíen de tu sendero, que es el camino del cosmos y de las estrellas.

Índice